단단한 자존감을 만드는
당당한 말 한마디의 힘

단단한 자존감을 만드는
당당한 말 한마디의 힘

나를 지키는 열두 가지 말

모두 나를 싫어해!

나는 나를 좋아해!

강승임 글 | 안상정 그림

책속물고기

 **글쓴이의 말**

모두와 함께하며 나의 자리를 지키는 말

내가 그 고양이와 강아지를 만난 건 햇빛이 쨍한 어느 여름날 오후였어요. 오전에 강연을 마치고 집으로 돌아가던 길이었는데, 울적한 마음에 집으로 곧장 가지 않고 동네 놀이터를 찾았어요. 그날 강연을 망쳐 기분이 축 처져 있었거든요.

놀이터는 조용했어요. 나 말고는 아무도 없었으니까요. 하지만 내 마음은 그 어느 때보다 시끄러웠어요. 나는 나무 의자에 앉아 그날 있었던 일들을 머릿속으로 정리하려고 했어요. 하지만 그럴수록 나를 꾸짖고 괴롭히는 말들도 함께 떠올랐어요.

'준비를 좀 더 철저히 했어야지.'

'말은 왜 그렇게 더듬거린 거야?'

'완전 망했어! 창피해! 숨고 싶어!'

나는 이 말들이 머릿속에서 다 사라지길 바라는 마음으로 눈을 질끈 감았어요.

얼마나 그렇게 있었는지 모르겠어요. 누군가 주변을 서성거리는 것 같아 눈을 떴어요. 그때 그 고양이와 강아지를 만났어요. 둘이 내 발 아래서 나를 가만히 쳐다보고 있었어요. 나와 눈이 마주치자 도망가기는커녕 내 발등을 앞발로 톡톡 두드렸어요.

나는 기분이 아주 묘했어요. 둘이 나를 위로하는 것 같았거든요.

'괜찮아요. 그렇게 큰 문제는 아니에요. 그런 말들에서 벗어나 다시 당신 자리로 돌아가요.'

집으로 돌아와서 고양이와 강아지가 눈빛으로 말해 준 나의 자리에 대해 생각하기 시작했어요. 둘은 떠돌이 생활을 하면서도 자기 자리를 지키고 있는 것 같았어요.

우리는 다양한 상황 속에서 다양한 말들을 주고받으며 살아요. 그중 나를 주눅 들게 하고 초라하게 만드는 말들, 나를 꼼짝 못 하게 하는 부정적이고 공격적인 말들이 있어요. 이런 말들은 나 자신이 나에게 하기도 하고, 나와 가까운 가족이나 친구가 하기도 하고, 우리 사회가 하기도 해요. 이런 말들을 들으면 몸과 마음이 모두 허둥대고 초조해져요. 정말 나의 자리를 잃어버린 것처럼 말이에요.

이럴 땐 누군가로부터 격려와 응원이 가득 담긴 말, 잘못된 길로 가려는 내 생각을 바로잡아 줄 수 있는 단단한 말들이 필요해요. 나는 이런 힘 있는 말들을 그 고양이와 강아지가 들려줄 수 있을 거라는 생각이 들었어요. 그래서 『나를 지키는 열두 가지 말』을 쓰게 되었어요. 고양이에게는 쓰담이, 강아지에게는 토닥이라는 이름을 붙여 주었고요.

이제 쓰담이와 토닥이가 부정적인 말들 때문에 마음이 괴로운 친구들에게 어떤 말을 들려주는지 함께 읽어 보아요. 모두와 함께하면서 나의 자리를 지키는 말들이 우리 삶의 나침반이 되어 주길 소망해요.

강승임

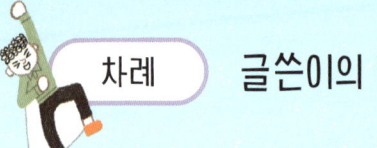

차례   글쓴이의 말 4

1장 ♥ 나에게서 나를 지키는 말

첫 번째 말

모두 나를 싫어해
나는 나를 좋아해 #나와 친해지기   12
★ 나를 지키는 첫걸음   나는 나의 첫 번째 친구

두 번째 말

실수하면 어떡하지?
나는 나를 믿어 #미리 걱정하지 않기   22
★ 나를 지키는 첫걸음   걱정을 용기로 바꾸려면

세 번째 말

나는 예쁘지 않아
기준은 내가 정해 #내 몸 긍정하기   32
★ 나를 지키는 첫걸음   나만의 아름다움을 찾아서

네 번째 말

난 왜 잘하는 게 없을까?
점점 나아지고 있어 #작은 목표 세우기   42
★ 나를 지키는 첫걸음   지금 내가 할 수 있는 것부터

2장 ♥ 너에게서 나를 지키는 말

다섯 번째 말

네 생각은 틀렸어

틀린 게 아니라 다른 거야 #내 생각 말하기 54

★ 나를 지키는 첫걸음   생각 말하기 연습

여섯 번째 말

넌 왜 그러니?

나는 나를 인정해 #나를 있는 그대로 받아들이기 64

★ 나를 지키는 첫걸음   나만의 특징 개발하기

일곱 번째 말

착하니까 네가 양보해

내가 원하지 않으면 싫어 #용기 내서 거절하기 74

★ 나를 지키는 첫걸음   나를 위한 거절

여덟 번째 말

넌 몰라도 돼

먼저 마음을 열어 #감정을 말하고 이해하기 84

★ 나를 지키는 첫걸음   마음속 감정을 나누어 보기

3장 ♥ 우리에게서 나를 지키는 말

아홉 번째 말
남자야, 여자야?
나는 나야 #나답게 행동하기 96
★ 나를 지키는 첫걸음 성차별에 맞서려면 나부터 나답게

열 번째 말
남들이 뭐라고 하겠어?
눈치 보지 않아 #개성과 취향 존중하기 106
★ 나를 지키는 첫걸음 지금은 취향 존중 시대

열한 번째 말
공부 못하면 뭐 먹고살래?
내가 결정해 #하고 싶은 일 스스로 찾기 116
★ 나를 지키는 첫걸음 내가 만드는 꿈의 목록

열두 번째 말
넌 우리와 달라
우리는 똑같이 소중해 #바르게 알고 판단하기 126
★ 나를 지키는 첫걸음 모두 소중한 세상을 위해

1장 나에게서 나를 지키는 말

있는 그대로 나를 존중하기

내가 밉고 싫어질 때가 있어.

나를 사랑한다는 건 뭘까?

나를 존중하는 마음은 어디서부터 시작할까?

> 나를 지키는 첫 번째 말

나는 나를 좋아해

#나와 친해지기

모두 나를 싫어해

자신감이 없는 미소의 이야기

　미소는 이번에도 친구 사귀기에 실패한 것 같았다. 그렇게 다정하게 대해 주던 예진이가 오늘은 아예 말도 없이 동미와 먼저 집에 가 버린 것이다.

　미소는 혼자 터벅터벅 집으로 가다가 놀이터로 방향을 틀어 나무 의자에 털썩 주저앉았다. 떠돌이로 보이는 고양이와 강아지가 장난을 치며 놀고 있었다. 그 모습을 보니 더욱 예진이가 생각났다.

　'매일매일 집에 같이 가자고 했으면서…….'

　눈물이 찔끔 나오려고 하자, 미소는 얼른 고개를 돌렸다. 아무도 보는 사람은 없었지만 이런 일로 또 울고 싶지는 않았다.

　사실 며칠 전부터 불길한 느낌이 들기는 했다.

　"동미야, 급식실 같이 가자."

　점심시간이면 늘 미소한테 먼저 와서 팔짱을 끼고 같이 급식실로 가던 예진이가 갑자기 동미와 함께 가 버린 것이다.

　그 뒤로 예진이는 쉬는 시간에도 동미 자리로 가서 깔깔거리며 수다를 떨었다. 미소가 부르면 대답하는 시늉만 할 뿐이었다.

미소는 며칠 사이에 달라진 예진이를 보면서 2학년 때 같은 반이었던 소영이를 떠올렸다. 소영이는 어디를 가든 꼭 붙어 다녔던 미소의 단짝이었다.

2학년 첫날 소영이가 미소에게 먼저 말을 걸었다. 예진이처럼 말이다.

"우리 친하게 지내자."

소영이는 웃음이 많고 활달했다. 어디를 가든 무엇을 하든 소영이가 항상 미소를 이끌었다. 또 미소가 좋아하는 것도 잘 알고 칭찬도 자주 해 주었다.

"미소야, 넌 글씨를 예쁘게 쓰는 것 같아. 부러워."

"미소는 달리기도 잘하네? 대단하다!"

미소는 소영이가 진짜 친구라고 생각했다.

미소도 소영이에게 더할 나위 없이 잘해 주었다. 화장실에 가고 싶지 않아도 소영이가 같이 가자고 하면 따라나섰고, 소영이가 준비물을 안 가지고 오면 말하기 전에 빌려주었다.

"나도 너희랑 같이 놀면 안 돼?"

어느 날 유진이가 미소와 소영이 사이로 쏙 들어왔다. 유진이는 소영이만큼 웃음이 많고 활달했다.

그래서인지 소영이와 유진이는 죽이 잘 맞았다. 서로 무슨 말을 하면 신나게 받아 주며 수다가 끝없이 이어졌다. 미소도 중간중간

끼어들어 말을 붙였지만, 둘 다 미소의 말에는 시큰둥해 보였다.

그러더니 어느 순간부터 소영이와 유진이가 미소에게 말하지 않고 둘이서만 다니기 시작했다.

"왜 너희 둘만 갔어?"

처음 이 사실을 알고 미소가 소영이에게 직접 물어보았다.

"아, 미안. 깜빡했어."

소영이는 전혀 미안하지 않은 태도로 무심하게 대답했다.

미소는 소영이와 유진이가 점점 더 자신을 피하는 것 같다고 느꼈다.

그래서인지 미소는 셋이 있으면 어딘가 모르게 불편하고 둘에게 은근히 눈치가 보였다. 그래도 다시 친해지려고 더 친절하게 대하고 맞춰 주려고 했지만 모두 소용없었다. 소영이와 유진이의 마음속에 미소는 없는 것 같았다.

"휴."

미소는 2학년 때 일을 돌이켜 보

며 한숨을 쉬었다. 결국 지금 예진이와도 그렇게 된 거라는 생각이 들었다.

"모두 나를 싫어해."

미소는 저도 모르게 마음속에 꾹 담고 있었던 말을 뱉어 냈다.

 쓰담이와 토닥이가 전하는 말

말을 바꾸면 마음이 바뀌어요

모두 나를 싫어해.

너도 널 싫어해?

나는 나를 좋아해! 이렇게 말해 봐.

내 편이 생긴 느낌이야.

나를 좋아하게 되면 누군가 나를 좋아해 줄까?

내가 좋아하는 것부터 찾아봐.

나는 나를 좋아해

나와 친해진 미소의 이야기

미소는 수첩을 펼치고 좋아하는 것을 쭉 적어 보기로 했다.

"뭐 해?"

때마침 엄마가 간식을 들고 미소의 방으로 들어왔다.

"엄마, 나 뭐 좋아하지?"

"너? 이거 엄청 좋아하잖아"

엄마가 머그잔을 가리키며 말했다. 그 안에는 블루베리가 가득 담겨 있었다.

"아, 맞다! 블루베리!"

미소는 얼른 수첩에 '블루베리'라고 썼다. 그러자 좋아하는 것들이 줄줄이 사탕처럼 연달아 떠오르기 시작했다.

"흰쌀밥, 뻥튀기, 얼음물…… 아, 강아지! 캘리그라피랑 달리기, 피구, 그리고 코코롱!"

미소의 얼굴에 이름처럼 미소가 번졌다. 좋아하는 게 서른 가지도 넘는다는 사실이 뿌듯했다.

"나는 좋아하는 게 많은 사람이야. 나는 내가 참 좋아."

미소는 자기 자신과 친해져서 새 친구를 사귄 기분이었다. 마음이 무척 든든했다.

다음 날, 학교에서 미소는 여전히 예진이와 멀어진 느낌이 들어서 신경이 쓰였지만 전처럼 마음이 아프지는 않았다. 다만 좋아하는 게 비슷한 친구를 만나면 얼마나 신날까 하는 생각이 들었다.

짝꿍을 바꾼 어느 날, 미소의 눈에 청록색 강아지가 달린 열쇠고리가 들어왔다.

"어? 코코롱이네!"

"귀엽지? 이것도 코코롱이야."

미소 옆에 나란히 앉은 은서가 책가방에서 필통을 꺼냈다.

"귀엽다. 너 코코롱 좋아해?"

"응! 너도?"

미소는 대답 대신 코코롱 지우개 세트를 '짠' 하고 보여 주었다. 미소와 은서는 서로 눈이 마주쳤다. 둘은 누가 먼저랄 것도 없이 활짝 웃으며 신나게 이야기를 나누기 시작했다.

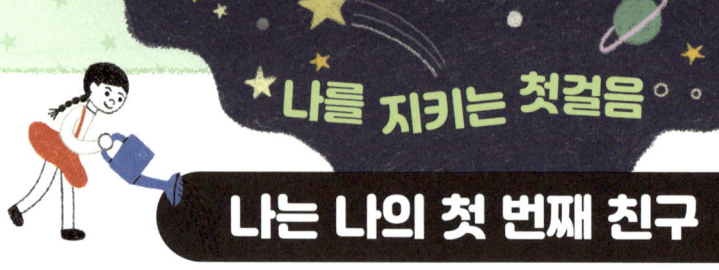

나를 지키는 첫걸음
나는 나의 첫 번째 친구

　나에게 말을 거는 친구도 별로 없고, 내가 다가가면 피하는 것 같다는 느낌이 들 때가 있었니? 이런 느낌에 사로잡히면 모두 나를 싫어하는 것 같아 마음이 힘들어지지. 그러면 친구 관계에서 괜히 자신이 없고 주눅이 들어 친구를 대하는 게 서툴고 어색해질 거야.

　우선 내 마음부터 추슬러야 해. 다른 사람에게 맞추려고 하고 다른 사람에게 잘 보이려고 하기보다 나부터 나를 좋아하는 마음을 갖는 거야. 그러면 자신감이 생겨서 당당하고 편하게 친구를 대할 수 있어.

　내가 나의 첫 번째 친구라고 생각하고 나와 친해지는 시간을 가져 보자.

1. 내가 좋아하는 것과 싫어하는 것을 알아보기
2. 내가 즐거웠던 일과 슬펐던 일을 알아보기
3. 내가 좋은 이유, 나의 좋은 점을 나에게 말해 주기

나와 친해지려면 나를 알아야 해. '이게 나야' 마인드맵을
그려 볼까?

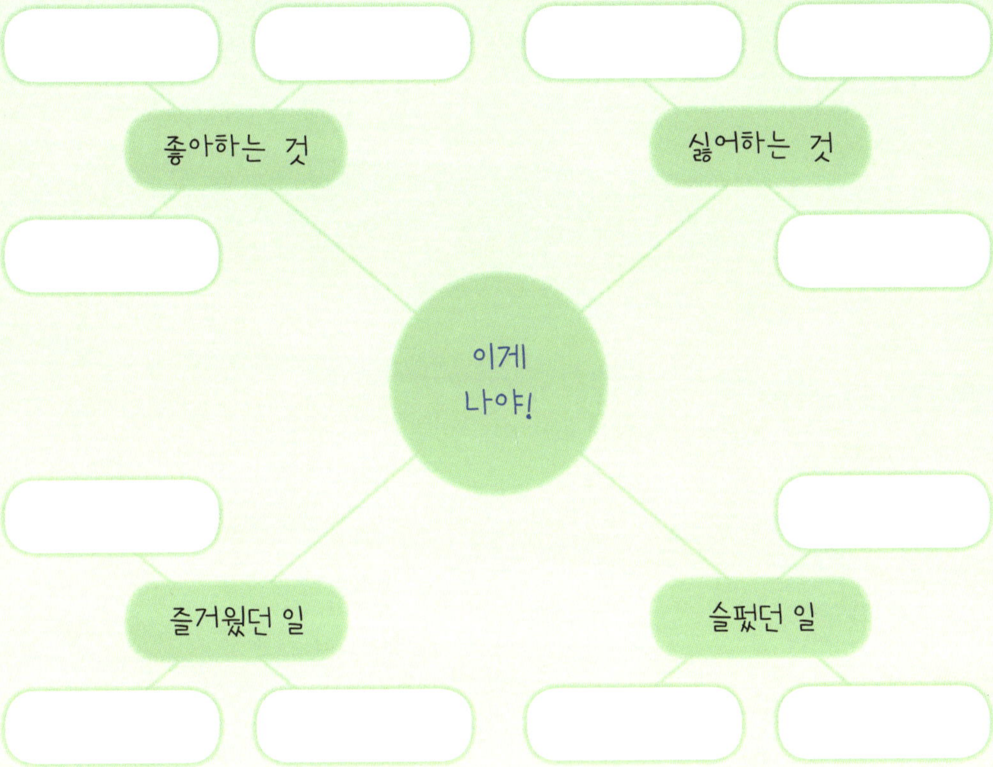

좋아하는 것

싫어하는 것

이게
나야!

즐거웠던 일

슬펐던 일

 나의 좋은 점을 말해 봐.

예) 나는 나의 정리를 잘하는 면이 좋아

"나는 나의 _____ 면이 좋아."

실수하면 어떡하지?

걱정이 앞서는 하은이의 이야기

하은이는 침을 꿀꺽 삼켰다. 교실 안의 모든 시선이 자신에게 쏠리자 카메라 플래시가 터진 것처럼 눈앞이 하얘졌다.

'뭐였더라.'

아까부터 쿵쿵 뛰던 심장이 더 세게, 더 빨리 뛰었다.

"괜찮아. 천천히 말하렴."

선생님이 다정한 목소리로 하은이를 응원해 주었다. 하지만 메아리처럼 귓가를 맴돌 뿐 하은이의 마음을 진정시켜 주지는 못했다. 하은이는 마침내 얼굴까지 벌게졌다.

"그, 그러니까 세, 세계의 음식 문화는……."

하은이는 떨리는 목소리로 겨우 입을 떼고 떠듬떠듬 뒤죽박죽 말을 이었다.

"고생했다. 자리에 가서 앉으렴."

'망했다.'

하은이는 자신이 정확히 무슨 말을 했는지 기억나지 않았다. 하지만 발표를 망쳤다는 사실은 분명히 알 수 있었다. 여전히 심장이 쿵

쿵거리고 몸이 부들부들 떨리고 있었기 때문이다.

"네가 떠니까 나도 엄청 떨리더라."

하은이가 자리로 돌아가서 앉자 짝꿍 승재가 가슴에 손을 얹으며 말했다.

하은이는 몹시 창피하고, 또 그만큼 속이 상했다.

'이럴 줄 알았어! 이럴 줄 알았다고!'

할 수만 있다면 방금 전 일을 모두의 기억에서 완전히 지워 버리고 싶었다. 어젯밤 발표를 준비하며 걱정했던 일이 그대로 벌어지고 말았다. 하은이는 고개를 푹 숙였다.

심란한 마음으로 집에 돌아온 하은이에게 엄마가 속도 모르고 말을 걸었다.

"이번 주에 반장 선거 있지 않아?"

"안 나가요!"

하은이가 소리쳤다.

"이번엔 나가 보지 그래?"

"싫어요."

"왜 싫은데?"

"친구들 앞에 서면……, 창피하단 말이에요."

"안 창피할 때도 되지 않았니?"

엄마 목소리도 조금 커졌다. 엄마는 창피해하는 이유가 정말 궁금

한 것 같기도 하고 창피한 일이 아니라고 말하고 싶은 것 같기도 했다.

하지만 하은이는 더 이상 말하고 싶지 않았다. 생각하니 또 속상하고 울컥했다.

"아니, 그게 울 일이야? 알았어. 정 싫음 안 나가면 되지."

엄마는 하은이의 눈치를 살피며 말꼬리를 흐렸다.

"태권도 도장 갔다 올게요."

하은이는 기분이 좋지 않아서 평소보다 30분이나 일찍 집을 나섰다. 하지만 바로 도장으로 갈 마음이 생기지 않아서 놀이터로 향했다. 놀이터에는 늘 보던 고양이와 강아지만 나무 의자 위에 앉아 있었다. 하은이가 나무 의자로 다가가자 자리를 비켜 주며 하은이를 물끄러미 쳐다보았다. 속상한 일이 있으면 말해 보라

고 하는 눈빛이었다. 그렇지 않아도 하은이는 답답한 마음을 풀어 줄 누군가가 필요했다.

"우리 엄마는 아무것도 몰라."

하은이는 고양이와 강아지에게 속마음을 털어놓기 시작했다.

"오늘 발표한 것처럼 덜덜 떨다가 내용도 까먹고 실수할 게 뻔해. 그럼 친구들이 날 얼마나 한심하게 생각할까?"

사실 하은이는 반장 선거에 나가고 싶었다. 하지만 친구들 앞에서 연설을 하는 게 너무 부담스럽고 창피했다.

무슨 걱정이 그렇게 많아?

 쓰담이와 토닥이가 전하는 말

말을 바꾸면 마음이 바뀌어요

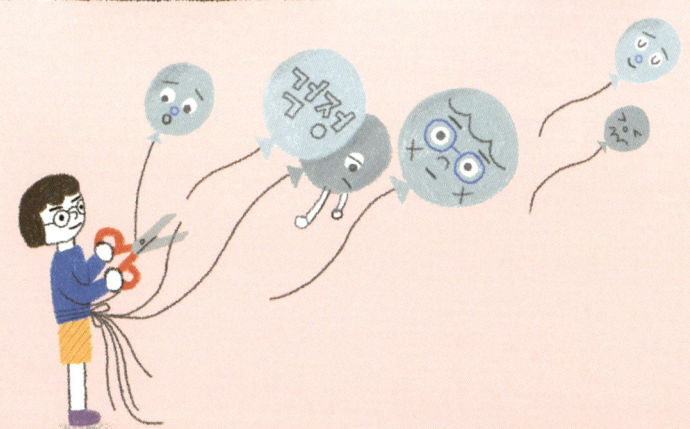

나는 나를 믿어

미리 걱정하지 않는 하은이의 이야기

"하은아, 반장 선거할 때 나 좀 추천해 줄 수 있어?"

승재가 뒤통수를 긁적이며 조심스레 말을 꺼냈다.

"알았어."

하은이는 고개를 끄덕였다. 자기가 나가는 것도 아니고 그냥 손들고 추천만 하면 되니까 어려울 게 전혀 없었다.

"고마워. 너도 추천해 줄까?"

"나를?"

"너도 은근히 인기 많잖아. 몰랐어?"

하은이는 깜짝 놀랐다. 지난번 발표를 망친 일로 친구들이 자신을 흉보면 어떡하나 속으로 걱정하고 있었기 때문이다. 그런데 인기가 많다고 들으니까 어리둥절했다. 정말 하은이가 실수해도 남들은 별로 관심이 없는 듯했다.

'걱정은 여기까지! 자신을 믿어!'

하은이는 한번 용기를 내 보기로 했다.

"승재야, 그럼 나도 추천해 줄래?"

 하은이는 승재의 추천을 받아서 반장 후보가 되었다. 그러고는 미리 연설문을 쓰고 연습을 시작했다. 걱정할 시간에 준비를 더 철저히 하기로 마음먹었기 때문이다. 그래야 떨려도 할 말을 다 할 수 있을 것 같았다. 물론 아닐 수도 있지만 그건 그때 가서 생각하기로 했다. 이렇게 정하고 나니 마음이 한결 편안해지고 용기가 더욱 샘솟는 것 같았다.
 "좋은 경험이 될 거야. 잘하든 못하든 결과는 상관없어. 그냥 하은이 너 자신을 믿어."
 엄마의 응원에 하은이는 더 큰 소리로 연설문을 외웠다.

나를 지키는 첫걸음
걱정을 용기로 바꾸려면

걱정은 일어나지 않은 일을 부정적으로 생각하는 거야. 우리는 종종 실수할까 봐, 어떤 일이 잘못될까 봐 걱정하곤 해. 그러다 보면 걱정이 점점 커지기도 하지. '일을 망쳐서 사람들한테 비난받지 않을까?' 하고 말이야.

하지만 앞날은 아무도 몰라. 걱정하던 일이 일어날 수도 있고 아닐 수도 있어. 걱정만 하다가는 해야 할 일을 못 하고 기회까지 놓칠 수 있지.

그러니까 걱정되는 부분부터 바꿔 나가자. 아무 일도 하지 않은 채 쩔쩔매지 말고, 걱정이 있어도 시도해 보는 거야. 자기 자신을 믿고 용기를 내면 더 좋은 결과를 얻을 수 있어.

1. 나의 걱정거리가 무엇인지 솔직하게 들여다보기
2. 내가 진짜 걱정하는 최악의 상황을 생각해 보기
3. 지금 내가 할 수 있는 대책을 세우고 실천하기

🧑 나는 어떤 걱정을 얼마나 심하게 할까? '나의 걱정거리' 그래프를 그려 보자. 걱정 내용을 주제별로 나누어서 쓰고 각각 몇 점인지 색칠해서 표시해 봐.

	학교생활	공부	미래	가족	친구
100점					
80점					
60점					
40점					
20점					
걱정 내용					

🧑 위 걱정 중에서 가장 점수가 높은 걱정을 골라서, 내가 할 수 있는 대책을 세워 봐.

_____

_____

나를 지키는 세 번째 말

기준은 내가 정해

#내 몸 긍정하기

나는 예쁘지 않아

외모가 마음에 들지 않는 윤지의 이야기

　늘 그랬던 것처럼 윤지는 책가방을 메기 전 옷장에 달린 거울을 보았다.
　"단추 구멍도 이것보단 클 거야."
　윤지는 자기 얼굴을 실망스럽게 쳐다보았다. 쌍꺼풀이 꼭 있어야 할 것 같은 작은 눈이었다.
　윤지는 주머니에서 실핀을 꺼내 오른쪽 눈꺼풀 위에 꾹 갖다 댔다. 그러고는 눈에 힘을 주어 더욱 크게 치켜뜨면서 실핀을 살짝 뗐다. 금세 큼직한 쌍꺼풀이 만들어졌다.
　"이 정도는 돼야지."
　윤지는 왼쪽 눈에도 같은 방법으로 쌍꺼풀을 만들었다. 그제야 윤지 얼굴에 만족스러운 미소가 떠올랐다.
　"뭐 해? 학교 안 가니?"
　엄마가 거실에서 윤지를 불렀다.
　"네, 이제 가요."
　윤지는 눈에서 힘을 빼며 얼른 쌍꺼풀을 풀었다. 다시 실망스러운 표정을 지었다. 윤지는 실핀을 주머니에 넣으며 방을 나섰다.

"우아, 진짜 예쁘다."

학교에서 점심시간에 여자아이들이 윤지 주변으로 모여들었다. 윤지가 그린 공주 그림을 구경하기 위해서였다.

"눈이 완전 강아지 눈이야."

"진짜 귀여워."

"역시 강아지 눈이 제일 예쁜 것 같아."

윤지는 사람 눈을 그릴 때 늘 강아지 눈으로 그렸다.

윤지는 강아지 눈이 세상에서 제일 예뻤다. 큼직하고 귀엽고 초롱초롱하니까 말이다.

"정아 눈이랑 비슷하지 않아?"

누군가 반에서 눈이 제일 큰 정아를 가리켰다.

"맞아. 정아가 완전 강아지 상이지."

"아니야, 내가 무슨……."

윤지도 고개를 들어 힐긋 정아 얼굴을 보았다. 윤지가 정말 부러워하는 동그랗고 크고 귀엽고 예쁜 눈이었다. 윤지는 오늘따라 자신의 작은 눈이 더욱 마음에 들지 않았다.

'오늘은 엄마한테 꼭 말할 거야!'

윤지는 주머니 속 실핀을 괜스레 만지작거렸다.

"엄마, 나 성형수술 시켜 주면 안 돼요?"

윤지는 집에 오자마자 몇 달째 벼르고 별렀던 말을 꺼냈다.

"성형수술? 어디를?"

"쌍꺼풀이요."

엄마는 깜짝 놀라서 윤지 얼굴을 빤히 쳐다보았다.

"엄마도 눈이 크고 아빠도 눈이 크고 오빠까지 눈이 큰데, 나만 뭐예요? 너무 작잖아요."

윤지는 말하다 보니 괜히 억울했다. 사람 차별하는 것도 아니고 어째서 엄마 아빠는 윤지 눈만 이렇게 작게 낳은 건지 이해할 수 없었다.

"허, 너는 눈이 작은 게 매력이야. 눈이 크다고 다 예쁜가?"

엄마는 헛웃음을 쳤다.

"눈이 커야 예쁘죠! 나는 예쁘지 않잖아요."

윤지가 엄마 앞으로 바짝 다가가 자기 얼굴을 들이밀었다.

"친구들이랑 사진 찍으면 나만 너무 못생기게 나온단 말이에요."

"초등학생이 무슨 성형수술이야? 가서 두부나 한 모 사 와."

"그럼 중학생 되면 시켜 주세요."

"절대 안 돼!"

"아, 엄마!"

"자연스러운 게 예쁜 거야. 얼른 갔다 와."

윤지는 투덜거리면서 집을 나섰다.

아무리 생각해도 마음이 답답했다. 윤지는 냅다 소리를 질렀다.

"왜 나는 눈이 작은 거야!"

말을 바꾸면 마음이 바뀌어요

기준은 내가 정해

내 몸을 긍정하는 윤지의 이야기

"으악!"

윤지는 호기심에 클릭한 동영상을 보다가 소스라치게 놀랐다. 쌍꺼풀 수술을 안 해 준다는 엄마 때문에 저녁을 대충 먹고 방으로 들어와 뷰티 동영상을 찾아보다가 우연히 보게 된 영상이었다.

"이 아줌마 얼굴이 왜 이런 거야?"

영상 속 아줌마는 얼굴이 몹시 울퉁불퉁한 느낌이었다. 눈은 너무 크고 코는 너무 높았다. 턱은 또 얼마나 뾰족한지 말을 할 때마다 입 주변이 씰룩였다.

아줌마는 성형 중독에 대해 말하고 있었다. 처음에는 코가 좀 낮은 것 같아 코 수술을 했는데 얼굴형과 눈도 어색해서 유행하는 스타일에 맞춰서 고쳤다고 했다. 그런데 문제는 새로운 유행이 계속 생긴다는 것이었다. 그때마다 아줌마는 고민하지 않고 성형 수술을 했다고 털어놓았다.

"원래 제 모습이 제일 예뻤다는 걸 이제야 깨달았어요. 내가 나를 예뻐하지 않은 게 가장 후회돼요. 나한테 너무 미안해요."

아줌마는 눈물을 뚝뚝 흘리며 후회하는 모습이었다.

윤지는 마음이 뒤숭숭했다. 예쁘다는 게 뭔지 고민이 되었다.

'아름다움의 기준은 뭘까? 한 가지일까, 여러 가지일까? 크고 쌍꺼풀이 있는 눈이 정말 예쁜 눈일까?'

윤지의 의문이 꼬리에 꼬리를 물고 이어졌다.

윤지는 옷장을 열어 거울을 보았다. 역시나 자그마한 눈이었다. 실핀으로 쌍꺼풀을 만들었다 풀었다 해 보았다. 계속 비교해 보니 윤지의 작은 눈도 밉지는 않은 것 같았다. 나중에 화장을 하면 여러 가지 느낌으로 꾸밀 수도 있고 웃으면 귀여운 것 같기도 했다.

'있는 그대로의 내 모습을 예뻐하는 게 먼저겠지?'

윤지는 한참 고민하다가 항상 가지고 다니던 실핀을 휴지통에 버렸다.

나만의 아름다움을 찾아서

　아름다움을 추구하는 건 인간의 본능이야. 구석기시대의 원시인들도 자신들이 아름답다고 느끼는 대상을 그림으로 그리고 조각으로 만들었어. 그때의 작품들을 보면 통통한 몸을 아름답다고 생각했던 걸 알 수 있어.

　사실 아름다움의 기준은 시대와 사회, 문화에 따라 달라. 그러니 한 가지 기준으로 아름다움을 판단하는 건 어리석어. 내 모습이 그 기준에 맞지 않으면 부족함을 느껴 불행해질 테니까.

　저마다 있는 그대로의 모습이 아름다움의 기준이라는 사실을 깨달아야 해. 내 몸을 있는 그대로 긍정하고 아름답게 가꾸어 나가면 만족감이 커지고 행복해질 거야.

1. 거울을 보고 여러 가지 표정을 지어 보기
2. 내 외모 중에서 마음에 안 드는 부분의 이유를 따져 보기
3. 눈에 보이지 않는 것 중 내가 가진 진짜 아름다움을 찾아보기

찡그린 얼굴과 활짝 웃는 얼굴을 각각 사진으로 찍어 비교해 봐.

　　찡그린 얼굴　　　　　　　　웃는 얼굴

 내가 가진 아름다움을 말해 봐.

예) 나의 아름다움은 속마음을 솔직하게 말하는 것 이라고 생각해.

"나의 아름다움은 _____ (이)라고 생각해."

나를 지키는 네 번째 말

점점 나아지고 있어

#작은 목표 세우기

난 왜 잘하는 게 없을까?

못하면 그만두는 민수의 이야기

민수는 오늘도 조마조마했다. 그나마 음악 시간은 리코더 연주를 하는 날이라서 그럭저럭 때울 수 있었다. 한 명씩 연주를 하는 게 아니라 반 아이들 모두 함께 연주하기 때문에 소리를 내지 않아도 선생님한테 들키지 않을 수 있었다.

"리코더 연주가 얼마나 쉬운데. 그냥 '후' 하고 불면 돼."

어젯밤 누나가 시범을 보여 주었다. 보기엔 정말 간단하고 쉬웠다. 하지만 민수가 '후' 하고 불자 누가 들어도 이상한 소리가 났다. 누나처럼 고른 소리가 아니라 '삑' 하는 듣기 싫은 소리였다.

"소리가 왜 그러지? 숨 좀 잘 쉬어 봐."

누나 말대로 민수는 최대한 숨을 잘 쉬어 보았지만 결과는 마찬가지였다. 역시나 그렇게 쉽다는 리코더 연주에도 재능이 없는 것 같았다.

무언가를 못할 때 민수가 쓰는 방법은 '하는 척'하는 것이다. 그렇게 민수는 리코더 주둥이에 입만 대고 손가락만 까닥까닥 움직였다.

하지만 체육 시간에는 이런 속임수가 통하지 않았다.

"오늘은 줄넘기 2단 뛰기를 할 거예요. 높이 뛰면서 줄을 빨리 두 번 돌려야 해요. 다음 주에 시험 보겠습니다."

"안 돼요!"

아이들이 고래고래 소리를 질렀다.

하지만 민수가 보기에 다들 그렇게 싫은 것 같지는 않았다. 사실 몇 주 전부터 민수네 반에서는 줄넘기가 유행하고 있었다. 그래서 이미 많은 아이들이 벌써 2단 뛰기를 할 수 있었고, 그중 절반 이상은 열 번도 넘게 했다. 민수도 처음에는 따라서 해 보았지만 어쩌다가 한 번 정도 겨우 성공했을 뿐이었다. 민수는 혼자만 너무 못하는 것 같아 그만두었다.

"민수는 왜 가만있니?"

선생님이 민수를 콕 집어 물었다.

"아, 저……."

"왜? 잘 안 되니?"

"네."

"그렇다고 가만있으면 되나. 못할수록 더 연습해야지."

"네……."

민수는 선생님 눈치를 보며 줄넘기 손잡이를 쭈뼛쭈뼛 잡았다. 그러고는 힘껏 높이 뛰었다. 하지만 줄을 두 번 돌리기도 전에 쿵 하고 떨어졌다.

'왜 난 잘하는 게 하나도 없지?'

민수의 심장도 같이 떨어지는 기분이었다.

"띠리리라라."

마침 수업을 마치는 종이 울렸다. 민수는 누구보다 빠르게 줄넘기를 챙겨 들고 교실로 향했다. 얼른 종례를 마치고 집에 가서 쉬고 싶었다.

그런데 민수의 시련은 체육 시간이 끝이 아니었다. 더 어려운 시련이 민수를 기다리고 있었다.

"다음 달 27일에 학예회 있는 거 다 알죠? 우리 반은 모두 장기 자랑을 할 거예요. 한 명도 빠짐없이! 노래도 좋고 춤도 좋고 같이 해도 좋고 혼자 해도 좋아요. 미리미리 준비해 주세요."

'뭐? 장기 자랑?'

민수는 모두가 장기 자랑에 참가해야 한다는 선생님의 말을 믿을 수 없었다. 민수는 다시 가슴이 답답하고 머릿속이 복잡해졌다.

"민수야, 너 학예회 때 뭐 할 거야?"

어깨를 축 늘어뜨리고 집에 가는데 수영이가 물었다.

"몰라. 꼭 해야 할까?"

"당연하지. 할 거 없음 같이 댄스 하자. 한 명이 부족하거든."

수영이는 그 말을 하고는 얼른 피아노 학원 차로 뛰어갔다.

민수는 저도 모르게 땅이 꺼져라 한숨을 쉬었다.

"나도 잘하고 싶은데 왜 재능이 아무것도 없는 걸까?"

 쓰담이와 토닥이가 전하는 말

말을 바꾸면 마음이 바뀌어요

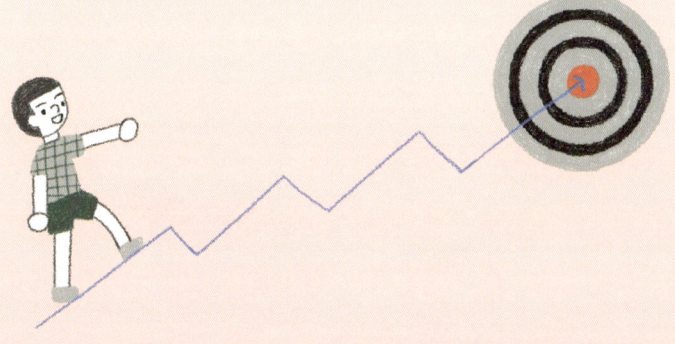

점점 나아지고 있어

작은 목표를 세우는 민수의 이야기

"작은 목표를 세우라고?"

민수는 이 말이 무슨 뜻인지 곰곰이 생각해 보았다. 그러고 보니 그동안 민수는 잘하는 것의 기준을 너무 높게 잡은 것 같기도 했다. 리코더를 당장 누나처럼 술술 잘 불어야 할 것 같았고, 줄넘기 2단 뛰기도 열 번씩 하는 친구들처럼 몇 번 하면 그 정도는 거뜬히 할 수 있어야 할 것 같았다. 그래서 해 보고 안 되면 재주가 없다고 판단해 그만두었다.

"재능이 없어도 정말 괜찮은가?"

민수는 춤 동영상들을 찾아보았다. 전에는 아이돌 가수들의 영상들만 보았는데 이번엔 '기본'이라는 말을 넣고 검색해 보았다.

"와, 되게 많네."

조회 수도 높은 걸 보니 처음 시작하는 사람들이 생각보다 많은 것 같았다. 민수는 왠지 자신감이 생겼다. 그중 '몸치 탈출 쉬운 스텝' 영상을 보며 하루에 두 개 동작만 따라 해 보기로 했다.

사흘째 되는 날에, 민수는 기본 발동작을 여섯 개나 할 수 있게 되었다. 몸도 좀 유연해진 것 같았다. 분명히 점점 나아지고 있었다.

"수영아, 나도 네가 하는 댄스 팀에 들어갈 수 있을까? 잘 못하지만."

민수가 용기를 내서 물어보았다.

"못하는 건 상관없고 뻔뻔하게 동작만 크게 하면 돼. 같이 해 보자!"

수영이가 반갑게 맞아 주었다. 민수는 시작이 반이라는 말이 처음으로 마음에 와 닿았다.

나를 지키는 첫걸음
지금 내가 할 수 있는 것부터

　재능은 가지고 태어나는 걸까, 아니면 나중에 배우고 익혀서 얻게 되는 걸까? 처음 하는데도 척척 잘하는 사람을 보면 가지고 태어나는 것 같기도 해. 별로 연습하지 않았는데 그림도 잘 그리고 노래도 잘 부르고 운동도 잘하니까.

　하지만 반대의 경우도 있어. 처음엔 붓을 어떻게 잡는지도 모르고 엉망진창으로 그렸지만, 조급해하지 않고 기초부터 꾸준히 묵묵히 차근차근 연습하면서 나중에 잘 그리게 된 경우 말이야.

　재능이 없다고 생각해서 포기하지 말고 지금 내가 할 수 있는 것부터 시작해 봐. 거창한 목표를 세우기보다 내가 할 수 있는 정도의 작은 목표를 세우고 하나씩 이루어 나가면 목표도 점점 커지고 실력도 점점 나아질 거야.

1. 재능이 없다고 느꼈던 경험 말하기
2. 못하는 것 중에서 하고 싶은 것을 적어 보기
3. 못하지만 하고 싶은 것을 잘하기 위해 작은 목표 세우기

다음 활동들을 잘 못한다면 어떤 목표를 가장 먼저 세우고 연습해야 할까?

- ▶ 춤 : ☐ 기본 스텝 익히기 ☐ 음악에 맞춰 춤추기
- ▶ 공기놀이 : ☐ 3단 하기 ☐ 공깃돌 위로 던져서 잡기
- ▶ 그림 그리기 : ☐ 선 긋기 ☐ 집 그리기
- ▶ 리코더 연주 : ☐ 곡 연주하기 ☐ 호흡 고르게 하기
- ▶ 피아노 연주 : ☐ 곡 연주하기 ☐ 한 음 한 음 건반 누르기

잘하고 싶은 활동을 하나 정해 작은 목표를 세워 봐.

작은 목표를 세우는 건 큰 목표를 세우는 것보다 힘들 수 있어. 우선 그 활동을 하기 위해 어떤 기본기가 필요한지부터 조사해 보자.

- ▶ 잘하고 싶은 활동 :
- ▶ 작은 목표 :

① _____

② _____

③ _____

2장 너에게서 나를 지키는 말

관계를 맺으며 나다움을 보여 주기

가장 가까운 사람들에게 상처를 받을 때가 있어.

서로 존중하는 관계는 무엇일까?

관계를 맺으며 어떻게 나다움을 보여 줄까?

나를 지키는 다섯 번째 말

틀린 게 아니라 다른 거야

#내 생각 말하기

네 생각은 틀렸어

존중받고 싶은 나희의 이야기

"주인공을 동물로 하는 건 어때?"

"무슨 소리야? 사람으로 해야지."

"동물로 하면 귀여울 것 같아."

"야, 귀여운 게 밥 먹여 주냐?"

벌써 한 시간째였다. 나희와 다연이가 모둠 과제인 동영상 만들기 회의를 하며 내내 옥신각신했다.

사실 둘이 팽팽히 맞서는 게 아니라 나희가 일방적으로 당하는 모양새였다. 나희가 의견을 내면 다연이가 목소리를 높여 반박을 하거나 면박을 주었다. 그래서인지 시간이 흐를수록 나희의 표정이 점점 굳어져 갔다.

"그럼 어떻게 하고 싶은데?"

나희가 의기소침해진 목소리로 물었다.

"그걸 왜 나한테 물어? 같이 생각해야지!"

다연이는 또 목소리를 높였다.

"그럼 환경 보호를 주제로 만들까?"

나희는 다연이의 눈치를 보며 조심스레 말했다.

"환경 보호? 야, 그건 너무 촌스럽고 뻔하잖아."

"참신하게 만들면 되지."

"그 주제로 어떻게 참신하게 만드냐? 그런 생각 자체가 틀렸어."

"뭐?"

나희 얼굴이 귀까지 빨갛게 달아올랐다. 나희는 다연이가 또 자신을 무시한다는 생각이 들었다.

다연이는 평소 나희와 친하게 지내면서도 나희가 무슨 말만 하면 아니라고 하고 재미없다고 하고 틀렸다고 했다. 그때마다 나희는 화가 나면서도 제대로 대거리를 하지 못했다. 억울하고 화가 난 마음에 울컥해서 말문이 턱 막혀 버렸다.

"얘들아, 이제 나 학원 가야 돼."

아까부터 흘금흘금 시계를 보던 미소가 조심스레 말했다.

"지금? 우리 아직 하나도 못 정했는데?"

다연이가 또 못마땅한 투로 말했다.

"나 3시에 약속 있다고 말했잖아."

미소가 차분히 시계를 가리켰다. 3시가 되기 10분 전이었다.

"알았어. 그럼 내일 또 만나기로 했으니까 집에 가서 생각 많이 하고 와."

"응, 미안."

미소가 가방을 챙기며 자리에서 일어섰다.

"나도 갈게."

나희도 주춤주춤 따라나섰다.

"너는 왜? 우리 집에서 놀다 가."

"엄마가 끝나면 빨리 오랬어."

나희는 다연이의 눈을 피하며 이렇게 둘러댔다. 사실 엄마는 핑계고 오늘은 더 이상 다연이랑 마주하고 싶지 않았다.

나희는 남의 속도 모르고 아쉬워하는 다연이가 더 얄밉게 느껴졌다.

"나는 이쪽."

"응, 잘 가. 내일 봐."

나희는 미소와 헤어지고 편의점으로 향했다. 생각할수록 점점 더 화가 나서 바로 집으로 가고 싶지 않았다.

나희는 편의점에서 멜론 아이스크림을 하나 사 들고 놀이터에 있는 나무 의자에 털썩 주저앉았다.

아이스크림은 달콤하고 시원했다. 하지만 마음까지 시원해지지는 않았다. 다연이가 한 말이 계속 떠올랐기 때문이다. 나희는 여기서라도 다연이에게 따지고 싶었다.

"도대체 내가 뭐가 틀렸다는 거야?"

 쓰담이와 토닥이가 전하는 말

말을 바꾸면 마음이 바뀌어요

틀린 게 아니라 다른 거야

내 생각을 말하는 나희의 이야기

나희는 집에 오자마자 다연이한테 하고 싶은 말들을 머릿속에 정리했다. 미리 어떤 말을 해야 할지도 연습해 보았다. 다연이한테 생각이 서로 다를 수 있다고 꼭 말하고 싶었다.

다음 날, 모둠 과제를 정하기 위해 세 친구가 다시 모여 앉았다.

"뭐? 코코롱을 주인공으로 하자고?"

다연이가 버럭 소리를 질렀다.

"별로야? 코코롱의 하루를 찍는 거야."

미소가 나희를 보며 동의를 구하듯 다시 한번 말했다.

"난 좋은 것 같아. 애니메이션처럼 재밌겠다."

나희는 미소 생각이 정말 괜찮은 것 같았다.

"애니메이션? 너희 진짜 유치하다. 그렇게 하면 안 된다고!"

역시나 다연이는 더욱 강하게 반대했다. 둘의 생각을 조금도 존중하지 않고 싸잡아서 비난했다.

나희는 또 울컥했다. 하지만 연습했던 대로 심호흡을 하고 천천히 말문을 열었다.

"글쎄, 유치하다고 생각할 수도 있지만, 그렇다고 틀린 건 아니잖아. 너도 네 생각을 말해. 생각은 서로 다를 수 있으니까 무슨 의견을 내더라도 들어 줄게. 만약 의견이 없으면 코코롱으로 하고."
 "아니, 그게 아니라……."
 놀랍게도 다연이가 말꼬리를 내리고 더 이상 아무 말도 하지 않았다. 나희는 제일 어려운 숙제를 해낸 것 같아 뿌듯했다.

생각 말하기 연습

누가 날 무시하면 화가 날 거야. '재미없어, 틀렸어, 그건 아니야' 등의 비난을 들으면 울컥하게 되지. 자기는 얼마나 잘났다고 이런 식으로 나를 비난하는지 큰 소리로 당장 따지고 싶을 거야.

하지만 막상 싸우고 싶어도 마음이 콱 막혀서 말이 안 나올 거야. 한편으로는 싸우고 싶지 않은 마음도 있겠지. 진짜 속마음은 서로 생각을 존중하고 잘 지내고 싶은 거잖아.

그럼 어떻게 해야 할까? 이 상태로 계속 지내다가는 내 속만 점점 상할 거야. 여기서 벗어나야 해! 친구에게 내 생각이 틀린 게 아니라 다른 거라고 말해 주고 나부터 다양한 생각을 존중하는 모습을 보여 주는 거야.

1. 친구에게 무시당한다고 느꼈던 일을 적어 보기
2. 친구에게 무시당하면 어떻게 차분하게 대응할지 생각해 보기
3. 담담하게 말하는 자신의 모습을 상상하고 훈련하기

친구에게 무시당했을 때 차분하게 말하는 자신의 모습을 상상하며, 아래 그림처럼 '이미지 트레이닝'을 해 보자.

① 편안히 앉아 천천히 숨을 내쉬고 들이쉬기

② 친구가 나를 무시하고 비난하는 장면 떠올리기

③ 친구에게 내 생각을 차분하게 말하는 모습 상상하기

 친구에게 다음 말을 들으면 어떻게 말해 줄지 써 보자.

▶ "너는 너무 재미없어."

▶ "네 생각은 틀렸어."

나를 지키는 여섯 번째 말

나는 나를 인정해

#나를 있는 그대로 받아들이기

넌 왜 그러니?

단점 때문에 스스로를 깎아내리는 은기의 이야기

"진짜 안 갈 거야?"
"네."
"그럼 우리끼리 간다."
"네."
"어휴, 도대체 넌 왜 그러니? 우리 아들이지만 진짜 특이해."

은기는 오늘도 기어이 가족 외식에 끼지 않았다. 어차피 즐거운 식사가 되기는 글렀기 때문이다.

사실 마음 편히 외식을 해 본 적이 거의 없었다. 어떤 식당에 가도 반찬이든 주문한 요리든 은기 입맛에 맞는 게 나온 적이 손에 꼽았다. 맛이 안 맞을 때도 있었고, 이상한 냄새가 날 때도 있었다. 그러면 은기는 아예 수저를 들지 않았다. 조금만 입맛에 맞지 않아도 정말 속이 거북했기 때문이다.

하지만 엄마와 아빠는 한번 먹어 보라고 계속 부추겼다.

"이렇게 맛있는데 왜 안 먹어?"

은기는 이런 상황도 싫었다. 먹고 싶은 것만 먹어도 되면 그나마

같이 갈 수 있는데, 부모님은 끝까지 한 입이라도 먹이려고 했다.

"우웩! 맛없어요."

그러면 은기는 뱉어 버렸다.

가족들은 은기가 특이하다고 말했고, 은기는 그 말이 좋은 뜻으로 하는 말이 아니라 꾸짖는 말이라는 것을 잘 알았다. 그래서 특이하다는 말을 들을 때마다 은기는 기분이 좋지 않았다.

은기의 이런 특이한 성격은 할아버지와 할머니와 친척들까지 다 아는 사실이다.

친척들이 모여 식사를 하면 안 갈 수 없어서 가기는 가는데, 그때마다 할머니가 은기를 보고 늘 이렇게 말했다.

"아휴, 저리 깨작깨작 먹으니 살이 안 붙지."

"그 성격 못 고치면 나중에 어른 돼서 고생한다. 누가 그런 성격 다 받아 주겠니? 욕이나 안 먹으면 다행이지."

이건 할아버지가 덧붙이는 말이었다. 그럼 옆에 있던 삼촌도 한마디 거들었다.

"완전 민폐죠, 민폐."

"형제인데 왜 이렇게 다를까. 은기야, 형 먹는 것 좀 보렴. 얼마나 복스럽게 잘 먹니?"

할머니가 마지막으로 형 칭찬을 하면 비로소 은기의 까다로운 식성에 대한 대화가 끝이 났다.

사실 은기가 음식만 까다로운 건 아니었다. 할아버지 말처럼 성격 자체가 예민한 구석이 있었다. 물건은 꼭 제자리에 있어야 했고, 준비물은 선생님이 말해 준 바로 그 물건으로 틀림없이 준비해야 했다. 이런 것들이 지켜지지 않으면 은기는 불편하고 짜증이 났다.

"컵볶이나 먹으러 가야지."

학교 앞 분식집에서 파는 컵볶이는 은기가 제일 좋아하는 음식이었다. 식구들이 다 나가고 혼자 있으니까 매콤달콤한 컵볶이가 생각났다. 분식집에 도착해서 주인아저씨한테 반갑게 인사했다.

"아저씨, 컵볶이 하나 주세요."

"왔구나. 자, 여기. 오늘은 좀 더 담았다. 부탁 하나 하려고."

"무슨 부탁이요?"

"놀이터에 가면 집 없는 고양이랑 강아지가 있을 거야. 이 사료는 고양이, 이 사료는 강아지한테 주렴. 가게를 비울 수가 없어서."

"그럴게요. 어차피 심심했는데요, 뭐."

은기는 컵볶이를 들고 놀이터로 갔다. 분식집 아저씨 말대로 고양이와 강아지가 있었다. 사료를 주자 고양이는 잘 먹는데, 강아지는 냄새를 맡기만 하고 먹지 않았다. 예민해 보이는 강아지가 은기는 자신과 같아 보여서 괜스레 마음이 쓰였다.

말을 바꾸면 마음이 바뀌어요

나는 나를 인정해
나를 있는 그대로 받아들이는 은기의 이야기

'예민하면 어때? 난 원래 예민한걸.'

은기는 예민한 성격을 단점이 아니라 자기만의 특징이라고 생각하니까 마음이 한결 가벼워졌다.

다음 날, 학교에서 수학 시간에 짝꿍 지호가 투덜거렸다.

"이게 왜 이러지?"

지호의 컴퍼스가 자꾸 미끄러졌다.

"이리 줘 봐."

은기가 지호의 컴퍼스를 건네받고 이리저리 살폈다.

"아, 여기 나사가 헐겁게 조여졌네. 내 거 쓸래?"

"고마워. 어제 확인을 안 했더니 고장 난 걸 가지고 왔네."

지호는 은기의 컴퍼스로 다시 원을 그렸다.

"근데 지호야, 네가 봐도 내가 많이 특이해?"

"음, 좀 예민한 구석이 있지. 하지만 그러니까 잘못된 걸 바로바로 찾는 거 아냐? 지금처럼."

지호가 고장 난 컴퍼스를 들어 보이며 빙긋 웃었다.

도덕 시간에 선생님이 활동지를 나눠 주며 말했다.

"오늘은 단점을 장점으로 바꾸는 활동을 해 볼 거예요. 자신이 생각하는 단점을 한두 가지 쓰고, 장점으로 바꿔 보세요. 단점도 하나의 특징이라고 생각하면 분명 좋은 점을 찾을 수 있을 거예요."

은기는 지호와 눈웃음을 주고받은 뒤 연필을 들었다.

'예민하다. 까다롭다. → 잘못되거나 틀린 걸 잘 찾는다. 냄새를 잘 분별해 상한 음식을 찾아낸다.'

은기는 자신의 답이 썩 마음에 들었다. 단점만 가진 게 아니라 장점도 가지고 있다고 생각하니까 기분이 좋아졌다.

나를 지키는 열두 가지 말

나만의 특징 개발하기

　완벽한 사람이 있을까? 우리 모두 장점이 있는가 하면 단점도 있어. 주변 사람들에게 칭찬을 듣는 면도 있지만, 반대로 안 좋은 평가를 받는 면도 있지.

　'왜 그렇게 느리냐, 왜 그렇게 소심하냐, 왜 그렇게 산만하냐, 왜 그렇게 예민하냐, 왜 그렇게 특이하냐.'

　이런 지적을 받으면 괜히 마음이 쪼그라들고 자리를 피하고 싶을 거야. 내가 부족하고 모자라고 문제가 있다는 뜻처럼 들리니까.

　하지만 이게 꼭 단점이기만 한 건 아니야. 단점과 장점을 구분하지 말고 하나의 특징이라고 생각해 봐. 이 특징을 개발하면 단점을 장점으로 바꿀 수 있어.

1. 나의 단점을 적어 보기

2. 단점을 장점으로 바꿔 보기

3. 주변 사람들의 단점을 장점으로 바꿔 주기

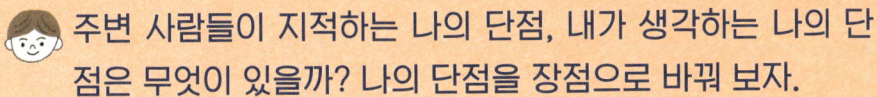 주변 사람들이 지적하는 나의 단점, 내가 생각하는 나의 단점은 무엇이 있을까? 나의 단점을 장점으로 바꿔 보자.

예) 단점 : 나는 너무 산만해.
　　장점으로 바꾸기 : 나는 이것저것 알고 싶어 하는 호기심이 많아.

▶ 단점 :
▶ 장점으로 바꾸기 :

▶ 단점 :
▶ 장점으로 바꾸기 :

가족이나 친구의 단점 중에서 하나를 골라서 장점으로 바꿔 보자.

▶ 누구 :

▶ 어떤 점 :

나를 지키는 일곱 번째 말

내가 원하지 않으면
싫어

#용기 내서 거절하기

착하니까 네가 양보해

거절하지 못하는 정아의 이야기

"이번 주 토요일에 뭐 해?"

예진이가 잔뜩 상기된 얼굴로 다연이와 정아에게 물었다. 뭔가 신나는 일이라도 계획한 것 같았다.

"난 별일 없어. 왜?"

다연이가 먼저 대답했다.

"너는?"

예진이가 정아를 보았다.

"아, 나는……."

"당연히 별일 없겠지. 정아가 언제 시간 없는 거 봤어?"

다연이가 정아 어깨에 팔을 걸며 대신 말했다.

"없을 수도 있지. 시간 괜찮아?"

예진이가 다시 정아에게 물었다.

"나도 괜찮아."

사실 정아는 일요일에 사촌 언니네 집에 놀러 가기로 했다. 사촌 언니가 제주도 여행을 다녀왔는데, 열쇠고리와 오메기떡을 사 가지

나를 지키는 열두 가지 말 75

고 왔다면서 시간 되면 오라고 했기 때문이다. 하지만 다연이가 된다고 먼저 말했는데, 자기가 안 된다고 하기가 미안해서 거절하지 못했다.

"그럼 그날 우리 지하상가에 쇼핑하러 가지 않을래? 동미는 축구 클럽 가는 날이라서 안 된다니까 우리 셋이 가자."

"우아, 좋아!"

다연이가 바로 환호했다.

"어, 그래."

정아도 어색하게 웃으며 고개를 끄덕였다.

셋은 약속한 대로 토요일에 지하상가에서 만났다.

"우리끼리 오니까 진짜 좋다!"

다연이가 길게 늘어선 다양한 가게들을 구경하며 들뜬 표정을 지었다.

"일단 밥부터 먹는 게 어때? 나 아침 못 먹었거든."

예진이가 출출한지 배를 움켜쥐었다.

"좋아. 그럼 맛나 분식 가자."

다연이가 예진이와 정아 사이로 비집고 들어가 한쪽씩 팔짱을 끼며 힘차게 발을 뗐다.

하지만 정아는 별로 내키지 않았다. 분식을 좋아하지 않기도 하고, 정아의 의견을 물어보지도 않고 둘이 정했기 때문이다.

정아는 자꾸 억지로 끌려가는 기분이 들었다.

'괜히 나온 것 같아. 지금이라도 그냥 집에 간다고 할까?'

하지만 이제 와서 그러면 정아는 아주 이상한 아이가 되어 버릴 것 같았다. 이랬다저랬다 하는 변덕쟁이라고 말이다. 정아는 언제나처럼 입을 꾹 닫고 참기로 했다.

"와, 예쁘다."

선물 가게에서 정아가 하얀 수달 인형을 집었다.

"예쁘다, 예뻐. 이거 나 사야지."

다연이가 정아가 든 인형을 낚아채며 말했다.

"내가 먼저 집었잖아."

나를 지키는 열두 가지 말

정아가 저도 모르게 목소리를 높였다.

"양정아, 왜 그래? 이상하게. 내가 꼭 갖고 싶어서 그래."

"그래, 정아야. 그냥 착한 네가 양보해."

예진이가 정아를 달래듯 팔을 잡아끌었다.

결국 인형은 다연이 차지가 되었다.

정아는 오늘따라 자신이 더욱 한심하게 느껴졌다. 언제까지 착한 아이로 살아야 하는지 절로 한숨이 나왔다.

친구들과 헤어지고 집으로 돌아가는 길이었다. 갑자기 정아 앞으로 고양이와 강아지가 튀어나와 길을 가로막았다. 정아는 이제 동물들도 자신을 무시하나 싶어서 버럭 소리를 질렀다.

"뭐야? 이젠 너희까지 내가 양보해 주길 바라는 거야?"

 쓰담이와 토닥이가 전하는 말

말을 바꾸면 마음이 바뀌어요

거절하면 나쁜 아이가 되잖아.

거절 못 하면 네가 힘들잖아.

그냥 내가 참는 게 나아.

거절은 나쁜 게 아니야. 네가 원하지 않으면 싫다고 말해!

네 마음을 먼저 배려해.

NO

YES

내가 원하지 않으면 싫어

용기 내서 거절하는 정아의 이야기

"얘들아, 다음 주 일요일에 놀이동산 가자."
다연이가 들뜬 목소리로 말했다.
"일요일? 좋아! 나는 참석."
지난번 지하상가에 같이 못 간 동미가 가장 먼저 손을 들었다.
"나도 갈래!"
예진이가 활짝 웃으며 대답했다.
"그럼, 나, 동미, 예진이, 정아까지 이번엔 전부 참석이네."
다연이가 정아의 대답을 듣지 않고 약속을 정했다.
정아는 이렇게 또 얼렁뚱땅 끌려가고 싶지 않았다. 그러면 지금 가지 않겠다고 말해야 했다.
정아는 침을 한 번 꼴깍 삼키고 심호흡을 크게 했다.
"나는 안 갈래."
"뭐? 왜?"
다들 깜짝 놀라 동시에 정아를 쳐다보았다.
"갑자기 왜 그래? 다들 가는데, 너도 같이 가자."

다연이가 인상을 쓰며 정아를 흘겨보았다.

그 순간 정아는 자신이 나쁜 아이가 된 것 같은 느낌이 들었다. 하지만 이 느낌 때문에 여기서 물러서면 또 억지로 착한 아이가 되어야 했다. 정아는 좀 더 용기를 내기로 했다.

"나는 다음에 갈게. 이번에는 가고 싶지 않아."

"그래, 어쩔 수 없지."

예진이와 동미가 정아의 거절을 받아들여 주었다. 그러자 자기 멋대로 굴던 다연이도 어깨를 으쓱이며 고개를 끄덕였다.

그제야 정아는 마음이 후련해졌다.

나를 지키는 첫걸음
나를 위한 거절

'착한 아이 콤플렉스'라는 말이 있어. '착하다'는 말에 길들여져 어느 순간부터는 이 말을 듣기 위해 말하고 행동하는 거야.

그러면 자신이 하고 싶은 것이나 원하는 것을 위해 행동하는 게 아니라, 남의 말을 더 우선하여 따르게 돼. 남이 부탁하면 거절하지 못하고 남의 눈치를 보면서 양보하고 배려하게 되는 거야. 그러면 자기 마음은 어떨까? 그게 정말 착한 걸까?

착한 아이는 종종 자기 자신에게는 나쁜 아이일 수 있어. 남에게 양보하고 남을 배려하느라 자기 마음은 무시하게 되니까.

이제부터 내 마음이 원하지 않으면 거절하는 연습을 해 보자. 나를 배려하면 다른 사람도 진심으로 배려할 수 있어.

1. 내키지 않은 일을 거절하지 못했던 경험을 떠올리기

2. 거절하지 못한 이유와 내가 진짜 원하는 게 무엇인지 생각하기

3. 편안한 얼굴로 상대방에게 거절하는 모습을 상상하기

내키지 않은 일을 거절하지 못했던 경험을 떠올리고, 자신이 진짜 원하는 게 무엇인지 생각해 보자.

▶ 거절하지 못했던 경험 :

▶ 이유 :

▶ 내가 원하는 것 :

 싫다고 거절한 나에게 친구가 다음과 같이 말했다면 뭐라고 대답할지 써 보자.

친구 : 너, 이상해. 변했어.

나 :

나를 지키는 여덟 번째 말

먼저 마음을 열어

#감정을 말하고 이해하기

넌 몰라도 돼

마음을 거부당한 수영이의 이야기

"나 끼워 줘서 고마워. 내가 쏘는 거니까 많이 먹어."
민수가 머리를 긁적이며 말했다.
"오글거리게 왜 그래? 네가 들어오니까 멤버가 딱 맞았지. 두 명이 하면 뭐 재미야? 세 명이 하니까 멋지게 한 거야."
수영이가 빙긋 웃으며 빨간 고추장 소스가 듬뿍 묻은 떡볶이를 포크로 콕 집어 먹었다.
오늘 학예회 발표에서 댄스를 뽐낸 수영이네 팀이 단연 인기 최고였다. 사실 춤을 잘 췄다기보다는 얼굴 표정과 의상이 우스꽝스러웠다. 빨간 운동복 바지를 바짝 올려 입고 얼굴에는 일자 눈썹을 붙이고 무척 엄숙한 표정으로 춤을 췄다.
"야, 다 내 덕분인 줄 알아."
의상 아이디어를 낸 승재가 자화자찬을 하며 으스댔다.
"그래, 너 잘났다. 그럼 이거나 하나 더 먹어라."
수영이가 장난스럽게 승재 입 속으로 떡볶이를 집어넣었다.
"그럼 나도 고마우니까, 나는 어묵으로."

이번엔 민수가 어묵 두 개를 포크로 찍어 승재 입 속에 넣었다.

"윽, 뭐야. 은혜를 원수로 갚냐?"

"하하하."

분식집 안에 세 아이의 웃음소리가 가득 퍼졌다.

그런데 갑자기 수영이가 무슨 생각이 퍼뜩 났는지 웃다 말고 포크를 내려놓으며 말했다.

"얘들아, 정말 미안한데 나 아무래도 먼저 가야 할 것 같아."

"아, 그래. 혹시 집에 무슨 일 있는 건 아니지?"

민수와 승재가 수영이의 말을 순순히 받아들이며 걱정스러운 눈빛으로 물었다. 오늘 수영이 부모님만 학예회 발표를 보러 오지 않은 사실이 떠올랐기 때문이다. 다른 친구들은 모두 엄마든 아빠든 적어도 한 분은 왔는데 말이다.

"잘 모르겠어. 부모님이 급한 일이 있다고만 하셔서 집에 가서 물어보려고. 암튼 맛있게 먹고 내일 봐."

수영이는 두 친구에게 손을 흔들고 자리에서 일어섰다.

분식집을 나오자마자 수영이는 스마트폰을 꺼내 엄마한테 혹시 문자가 왔는지 확인했다. 아침에 엄마가 볼일이 있어서 학예회에 못 가니 늦어지면 문자를 하겠다고 말했기 때문이다. 수영이는 문자가 오지 않은 것을 확인하고 발걸음을 재촉했다.

"수영이 왔니? 오늘 잘했고?"

엄마는 집에 있었다. 언제나처럼 수영이가 들어오는 소리가 들리자 얼른 현관으로 나와 수영이를 맞아 주었다.

하지만 수영이는 엄마한테 어떤 걱정거리가 있다는 걸 느꼈다. 표정이 어둡고 목소리가 많이 가라앉아 있었다.

"엄마…… 무슨 일 있어요?"

수영이가 조심스레 물었다.

"무슨 일?"

엄마가 아무 일도 없다는 듯 시치미를 뗐다.

"오늘 급한 일 있다고 하셨잖아요. 학예회도 못 오시고……."

"아, 그거. 넌 몰라도 돼. 어른들 일이니까 신경 쓰지 마. 관리실에 가서 택배 좀 찾아오면 고맙겠다."

"엄마."

"별일 아니라니까."

엄마가 다시 단호하게 선을 그었다. 표정까지 싸늘하게 바뀌었다.

수영이는 서운한 감정이 솟구쳤다. 수영이도 더 이상 엄마와 이야기하고 싶지 않았다. 나중에 엄마가 수영이에게 뭔가를 물어보면 똑같이 '몰라도 돼요.'라고 말하고 싶었다.

수영이는 어깨를 축 늘어뜨린 채 집 밖으로 나갔다. 하지만 당장은 엄마 말을 들어주고 싶지 않아서 관리실 대신 놀이터 쪽으로 발길을 돌렸다.

말을 바꾸면 마음이 바뀌어요

먼저 마음을 열어

감정을 말하고 이해하는 수영이의 이야기

수영이는 엄마 마음을 이해하고 돕고 싶었을 뿐이다. 그래서 무슨 일이 있냐고 물었던 건데 엄마는 너무나도 매정하게 몰라도 된다면서 수영이의 마음까지 끊어 버렸다. 수영이는 다시 생각해도 엄마의 태도가 몹시 서운했다.

수영이는 먼저 마음을 열기로 했다. 분명 엄마도 지금은 말할 수 없는 사정이 있어서 그런 거라고 믿고 싶었다.

수영이는 엄마와 마주 앉아 저녁을 먹으며 엄마 얼굴을 물끄러미 쳐다보았다.

"저기, 엄마……."

"띠라리라리, 띠라리라리."

그 순간 스마트폰 벨이 요란스레 울렸다. 아빠였다.

"어떻게 됐어요? 나한테도 아직 연락이 없어요."

전화를 끊은 엄마의 얼굴에 잠시 걱정이 스쳐 지나갔다. 하지만 금세 낯빛을 바꿔 담담히 웃으며 수영이를 보았다.

"방금 엄마한테 뭐 말하려고 하지 않았어?"

"엄마, 나도 가족 맞죠?"

"뭘 당연한 걸 물어?"

"나도 가족이니까 엄마, 아빠가 걱정하는 일 있으면 걱정돼요."

"그래서 말 안 하는 거야. 괜히 너 걱정할까 봐."

"돕고 싶어서 그래요. 사정이 있으면 나중에라도 말해 주세요."

엄마는 수영이의 말에 많이 놀란 듯 눈이 커졌다.

"어머나, 우리 수영이 다 컸네. 상황이 좀 정리가 되면 말해 줄게. 아까 예민하게 말해서 미안해."

엄마가 팔을 뻗어 손을 내밀었다. 수영이도 팔을 뻗어 엄마 손을 잡았다. 수영이는 맞잡은 손에서 서로의 마음이 온전히 만나는 게 느껴졌다.

나를 지키는 첫걸음
마음속 감정을 나누어 보기

 인간은 '감정의 동물'이야. 무슨 말이냐고? 인간은 다양한 감정을 느끼고 그 감정에 따라 생각해. 게다가 이 감정들을 나누고 싶어 하는 마음이 아주 크지. 기쁨, 슬픔, 즐거움, 그리고 고통까지 말이야.

 그래서 상대방이 내 감정을 함께 느껴 주면 기쁘고, 나 또한 상대방의 감정을 느끼고 싶어 해. 그런데 마음을 거부당했을 때 우리는 상처를 받지. 그럴 땐 화를 내거나 서운해하기보다 자신의 감정과 마음을 차분하게 전달하는 게 중요해.

 내 마음을 찬찬히 들여다보면서 어떤 감정들이 있는지 이해하고 상대의 감정도 배려하는 연습을 해 보자.

1. 나의 감정지수를 알아보기
2. 하루 동안 마음속에서 어떤 감정들을 느꼈는지 관찰하기
3. 그중에서 남과 나누고 싶었던 감정을 찾기

'나의 감정지수'는 어떨까? 아래 도표에 나는 평소 어떤 감정을 얼마만큼 느끼는지 표시해 보자.

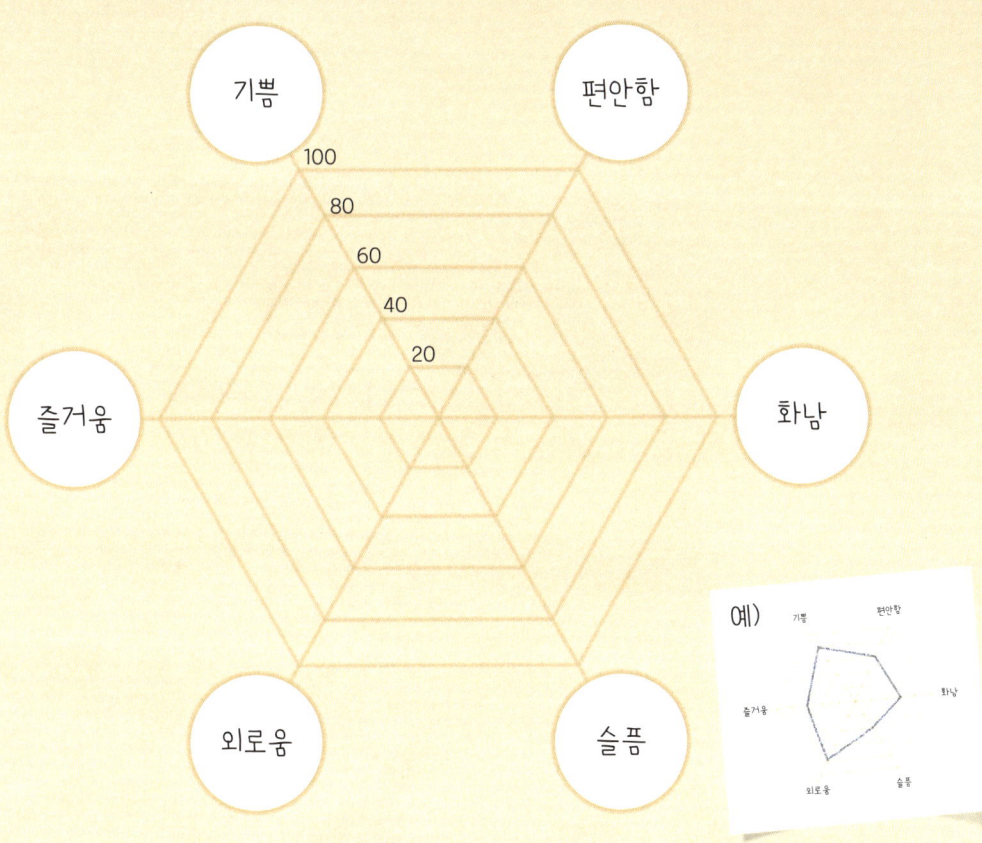

하루 동안 어떤 감정들을 느꼈는지 관찰하고, 그중 다른 사람과 나누고 싶었던 감정을 찾아 이유와 함께 말해 봐.

▶ 오늘 내가 느낀 감정들 :
▶ 남과 나누고 싶었던 감정과 그 이유 :

3장 우리에게서 나를 지키는 말

사회에서 나의 자리 찾기

세상에는 생각보다 편견과 고정관념이 많아.
이런 잘못된 생각에 맞서 사람답게 산다는 건
무엇일까?
사회에서 어떻게 나의 자리를 찾을까?

나를 지키는 아홉 번째 말

나는 나야

#나답게 행동하기

남자야, 여자야?

차별을 받는 동미의 이야기

    동미에게 오늘은 매우 기념할 만한 날이었다. 어린이 축구 클럽에서 운동하기 시작한 후 처음으로 골을 넣었기 때문이다. 더구나 수비수 두 명을 따돌리고 말이다.

  동미는 축구 클럽에 들어와서 한동안 남자애들과 기 싸움을 하느라 정말 고생했다.

  "동미한테는 절대 패스하지 마."

  "맞아. 여자가 무슨 축구를 한다고!"

  남자애들은 동미가 중간에 들어오기도 했지만, 무엇보다 여자라는 이유로 대놓고 차별하고 무시했다. 감독님이 몇 번 주의를 주어도 아랑곳하지 않았다. 사실 감독님도 아무리 동미가 열심히 해도 '여자'라는 말을 꼭 붙이며 차별 같은 구별을 했다.

  동미는 그럴 때마다 그만두고 싶었지만, 쌍둥이 오빠 동화가 옆에서 격려해 주고 응원해 주고, 마음이 더 약해질 땐 정신 차리라고 따끔한 충고도 해 주어서 버틸 수 있었다.

  "남자애들이 그럴 줄 몰랐어? 여자애라고 널 얕잡아 보면 더 보란

듯이 이겨 버려야지!"

 동화의 말을 듣고 나면 동미는 정신이 번쩍 들고 다시 한번 의지가 활활 불타올랐다.

 '그래! 내 최종 목표는 국가 대표야! 저 녀석들 때문에 내 꿈을 포기할 순 없어!'

 동미는 진심으로 축구를 좋아했다.

 엄마도 처음에는 여자가 왜 그런 걸 하냐고 반대했지만, 동화가 옆에서 설득하고 동미도 간절히 원해 결국 허락했다. 이제는 누구보다 지지하고 응원했다.

 사실 엄마가 반대한 이유는 축구 때문이 아니라 엄마 자신 때문이었다. 동화와 동미가 두 돌이 막 지났을 때 남편과 이혼하고 혼자 쌍둥이를 키우면서, '여자 혼자 애들 키우려면 힘들지 않냐.' '여자는 남편 잘 만나는 게 최고 복이다.'라는 소리를 수도 없이 들으면서 동화보다 동미 일에 몇 배는 더욱 민감해졌다.

 엄마는 동미가 축구를 하겠다고 했을 때는 심장이 덜컹 내려앉는 기분이었다. 남들 말대로 동미가 자기 닮아서 팔자가 드센가 하고 말이다. 동미는 여자답게 다소곳하고 예쁘장하게 키워서 의지할 만한 남편을 얻게 해 주고 싶었다.

 하지만 엄마는 결국 동미의 선택을 존중하기로 했다. 자신의 인생이 자신의 선택이었듯이 동미의 인생은 동미의 선택이고, 그 선택의

결과에 대해서는 자기가 행복하게 책임지면 되니까 말이다.

"자, 오늘은 여기까지! 오늘 베스트 플레이어는 말 안 해도 누군지 알겠지? 신동미!"

감독님이 흐뭇한 미소로 동미를 보았다. 그러고는 남자애들을 둘러보며 따끔하게 꾸짖었다.

"너희들! 동미 보기에 창피하지도 않아? 어째 여자보다 더 못 뛰냐? 그렇게 남자 얼굴에 먹칠할 거면 축구 말고 공기나 해!"

"감독님, 요즘엔 남자애들도 다 공기놀이하는데요……."

"시끄러! 지금 그걸 따지자는 거야? 암튼 잘하자. 해산!"

동미는 감독님이 말하는 동안 골을 넣은 기쁨이 점차 사그라드는 걸 느꼈다. 동미의 축구 역사에서 오늘은 분명 기념할 만한 날인데 괜히 잘못이라도 한 것처럼 꺼림칙한 기분이 들었다.

"신동미!"

동화가 동미의 연락을 받고 버스 정류장까지 마중을 나와 있었다. 한 손엔 동미가 좋아하는 아이스크림을 들고 말이다.

"근데 너 표정이 왜 그래? 전화에선 골 넣었다고 좋아하더니만."

동화가 동미의 낯빛을 살피며 물었다.

"오빠, 감독님 진짜 이상해! 자꾸 남녀 차별해!"

동미는 화를 쏟아내듯 버럭 소리를 질렀다.

말을 바꾸면 마음이 바뀌어요

나는 나야

나답게 행동하는 동미의 이야기

"나답게 살려면 어떻게 행동해야 할까? 사실 엄마만 봐도 그렇고 성차별이 심하긴 하잖아."

"인정. 그래서 더 나답게 살아야지. 그런 거에 너무 마음 쓰지 말고."

"난 절대 남자 여자에 갇혀 살지 않을 거야. 나는 나니까!"

"역시 내 동생답네!"

동미는 동화와 이야기를 나누면서 마음이 스르륵 풀렸다. 더불어 첫 골을 넣은 기쁨이 다시 솟아나는 것 같았다. 아이스크림을 우걱우걱 씹어 먹으며 동화에게 오늘 경기에서 자신이 얼마나 활약했는지 신나게 설명했다.

"으앙!"

집에 거의 다 왔을 때 길모퉁이에서 한 아이가 자지러지게 우는 소리가 들렸다. 동미가 먼저 아이한테 후다닥 달려갔다.

여자아이가 넘어졌는지 무릎이 까진 채로 울고 있었다.

"으, 진짜 아프겠다. 언니가 반창고 붙여 줄게."

동미는 가방에서 일회용 반창고를 꺼냈다.

"어머, 고마워라. 너는 여자애가 왜 그렇게 조심성이 없니?"

어느새 달려온 아이 엄마가 약국 봉투를 들고 동미에게 고맙다고 인사한 뒤 바로 아이를 나무랐다.

그런데 동미는 아주머니가 하는 말이 귀에 거슬렸다.

"저……, 여자애라고 꼭 조심성이 있어야 하는 건 아니죠? 제가 축구를 해서 많이 다치거든요."

"어, 뭐, 그렇지. 얼른 일어나. 가자."

아주머니가 말을 하다 말고 아이를 끌고 후딱 자리를 떴다. 얼마쯤 가다 아이가 뒤를 돌아 동미를 보고는 손을 흔들었다.

동미도 활짝 웃으며 주먹을 쥐고 '파이팅'을 해 보였다.

성차별에 맞서려면 나부터 나답게

　여자 남자는 태어나면서부터 정해지는 성별이야. 하지만 우리 사회는 오랫동안 이 둘을 단순히 성별뿐만 아니라, 말과 행동, 나아가 하는 일까지 구별해 왔어.

　남자는 남자답게 여자는 여자답게, 말하고 행동하면서 그에 걸맞은 일을 하도록 강요받았지. 둘 중 더 차별을 받은 건 여성들이야. 자유롭게 행동하지 못하고, 하고 싶은 일이 있어도 기회를 얻지 못했어.

　다행히 지금은 이런 불평등과 차별이 많이 사라지고 법으로까지 금지되었어. 하지만 여전히 성차별은 사회 곳곳에 남아 있어. 여기서 벗어나는 길은 우리 자신부터 남자다움, 여자다움이 아닌 나다움을 지키고 키워 나가는 거야.

1. 남자다움, 여자다움에 대한 우리 사회의 고정관념을 알아보기

2. 남자다움, 여자다움에서 벗어나 나다움 찾기

3. 나다움을 지키고 발전시키기 위해 어떻게 할지 생각해 보기

우리 사회는 남자다움, 여자다움에 대해 어떤 고정관념이 있을까? 구체적으로 조사해 보고 그 내용을 표로 만들어 보자.

	남자다움	여자다움
목소리		
몸집		
운동		
글씨		
수업 태도		
집안일		
성격		
기타		

위 표에 적은 내용들 중에서 나는 어떤 모습을 가지고 있는지 '나다움'에 해당하는 것을 골라 표시해 보자.

> 나를 지키는 열 번째 말

눈치 보지 않아

#개성과 취향 존중하기

남들이 뭐라고 하겠어?

남들과 달라서 혼나는 승재의 이야기

승재는 집으로 돌아가는 발걸음이 아주 가벼웠다.

"헬로 헬로 오오."

집에 가서 부모님에게 칭찬을 들을 기대에 저절로 콧노래까지 나왔다.

분식집에서 수영이와 민수도 인정했고, 반 친구들의 반응도 좋았다. 승재가 낸 의상 아이디어 덕분에 셋이 한 댄스 공연이 학예회에서 가장 큰 인기를 끌었다. 그러니까 승재는 부모님이 보는 앞에서 모두에게 인정을 받은 것이다.

"승재야, 옷 진짜 웃겼어."

"어떻게 그렇게 입을 생각을 했냐?"

공연이 모두 끝나고 부모님들이 다 돌아가자 반 친구들이 승재에게 우르르 몰려와 엄지를 치켜세웠다.

"내가 패셔니스타잖아. 특별히 웃음 포인트에 신경을 썼지."

"그 배바지 콘셉트는 대성공이야."

칭찬에 인색한 은기까지 와서 한마디 해 주었다.

승재는 자신의 패션 감각이 공식적으로 인정을 받은 것 같아 정말 기뻤다.

평소에도 승재의 옷차림은 독특했다. 벨트 대신 노끈 같은 것으로 허리를 질끈 묶기도 하고, 바지를 뒤집어서 입기도 했다. 아빠의 커다란 재킷을 걸치고 간 날도 있었다.

하지만 친구들이나 선생님이나 이에 대해 놀리거나 꾸짖은 적은 없었다. 그냥 독특하다는 반응 정도였다.

그런데 오늘은 춤 콘셉트를 아주 잘 보여 주는 스타일이었다고 칭찬을 들은 것이다.

"엄마!"

승재가 집에 들어서자마자 큰 소리로 엄마를 불렀다.

"어, 왔어? 오늘 고생했다."

"나 멋졌죠? 우리 팀이 제일 인기 있었잖아요. 아빠는요?"

승재는 사실 엄마보다 아빠의 반응이 더 궁금했다.

아빠는 늘 승재의 옷차림을 대놓고 못마땅해했기 때문이다. 한번은 크게 야단맞은 적도 있었다.

"꼴이 그게 뭐니? 바지를 왜 그렇게 입어?"

"자유 콘셉트예요. 엉덩이에 걸치면 자유로운 느낌을 주잖아요."

"두 번 자유롭다가는 거지가 되겠구나. 남들이 뭐라고 하겠어? 당장 갈아입어라."

그 일 이후 승재는 아빠 앞에서 옷을 꾸며 입지 않았다. 하지만 언젠가 아빠도 자신을 인정해 줄 거라 기대했다. 그게 바로 오늘이었다. 아빠는 남들 눈에 승재가 이상하게 보일까 봐 반대했던 거니까, 모두 승재를 인정한 오늘은 분명 승재의 옷차림을 이해하고 칭찬해 줄 거라고 생각했다.

승재는 혼자 들떠 요란을 떨었다.

"아빠도 우리 팀이 제일 잘했대요?"

"어 그게……. 지금 서재에 있으니까 가서 직접 물어봐."

승재는 책가방을 소파에 휙 던지고 기대에 찬 얼굴로 서재 문을 열었다.

"아빠, 우리 춤 어땠어요? 인기가 아주……."

"거기 좀 앉아 봐라."

아빠가 승재에게 빈 의자를 가리켰다. 순간 승재는 아빠의 표정이 자신이 기대했던 것과는 다르다는 걸 알아차렸다.

"승재야, 너 전에 아빠가 뭐라고 했는지 기억나?"

"제 스타일이요? 오늘 보셨잖아요. 다 잘했다고……."

"어휴, 그냥 웃음거리였을 뿐이야. 남들이 뭐라고 하겠어? 아빠 생각은 안 하니? 다신 그러지 마라."

"아빠."

승재는 아빠와 자신 사이에 커다란 벽이 있는 걸 느꼈다. '남들'이라는 벽이었다. 그 벽이 순식간에 승재를 초라하게 만들었다.

쓰담이와 토닥이가 전하는 말

말을 바꾸면 마음이 바뀌어요

눈치 보지 않아

개성과 취향을 존중하는 승재의 이야기

"헉, 이 사진 뭐예요?"

승재는 자기 눈을 의심했다. 할아버지가 보여 준 아빠의 젊은 시절 사진 한 장이 정말 충격이었다.

사진 속의 아빠는 분홍색 머리로 염색하고 귀찌를 다섯 개도 넘게 하고 있었다.

"아빠!"

승재가 화장실에서 나오는 아빠에게 사진을 내밀었다. 아빠는 화들짝 놀라며 얼른 사진을 낚아챘다. 아빠의 얼굴이 홍당무처럼 벌게졌다.

"그거 말고 또 있지. 이것도 보렴."

할아버지는 다른 사진을 한 장 더 보여 주었다. 그 사진 속의 아빠는 염색은 하지 않았지만 긴 머리에 머리띠까지 하고 있었다.

"내가 이 녀석 때문에 동네 창피해서 살 수가 없었어. 야단이라도 치면 자유라나 뭐라나 반항만 하고 말이야. 나 때는 안 그랬거든."

"아버지, 다 지난 일을 왜……."

아빠가 안절부절못하며 승재 눈치를 살폈다.

"아빠 인생의 흑역사야. 무지 후회하고 있어. 점잖지 못했어."

"아니에요, 아빠. 아빠가 멋있고 자랑스러워요."

승재는 아빠도 옷차림에 관심이 많았다는 걸 알고는 오히려 기뻤다. 승재의 취향이 잘못이 아니란 걸 아빠가 보여 준 거니까 말이다.

"아들 하나는 잘 뒀네. 제 아빠라고 편드는 것 좀 봐라, 허허."

할아버지가 호탕하게 너털웃음을 터뜨렸다.

승재는 이참에 큰 소리로 아빠한테 하고 싶었던 말을 했다.

"다 개성의 표현이죠. 자기가 표현하고 싶은 걸 표현하고 살아야 행복한 것 같아요. 남들 눈보다 이게 더 중요한 거 맞죠?"

승재가 아빠를 보았다. 잠깐 아빠의 눈동자가 흔들렸지만 무언가 생각을 바꾼 듯이 부드러운 얼굴로 고개를 끄덕였다.

★ 나를 지키는 첫걸음

지금은 취향 존중 시대

　예전에 남자들이 머리를 길게 기르고, 여자들이 짧은 치마를 입으면 경찰서에 잡혀가던 시절이 있었어. 젊은이들이 자유롭게 자신을 표현하는 걸 금지하고 규제했지.
　지금은 이렇게까지 일일이 단속하지 않지만, 여전히 취향과 개성을 표현하는 방식에서 세대 간의 갈등이 있어.
　나이 많은 어른들이 아이들의 옷차림이나 취미 등을 문제 삼고 야단을 칠 때가 종종 있지? 그러면 아이들은 무시당한 것 같아 화도 나고 속상할 거야.
　사실 어른들도 젊은 시절 이런 일을 겪었어. 그러니 취향과 개성을 억누르지 말고 서로를 이해하고 존중하는 자세를 가져야 해.

1. 부모님이나 선생님 등 주변 어른들과 나의 취향을 비교하기
2. 취향이나 개성이 달라서 어른들과 갈등했던 일을 떠올리기
3. 서로의 취향과 개성을 존중하기 위해 노력할 점을 생각하기

나의 취향과 개성은 무엇인지, 부모님이나 선생님의 취향과 개성은 무엇인지 구체적으로 조사해 보고 그 내용을 표로 만들어 보자.

	나의 취향과 개성	어른들의 취향과 개성 (부모님, 선생님 등)
음악		
가수		
옷차림		
머리 모양		
음식		
TV 프로그램		
SNS 활용		
게임		

위 목록 중에서 실제로 갈등했던 일을 말하고, 어떻게 해결했는지 써 보자. 해결 전이라면 어떻게 해결할지 써 보자.

▶ 갈등했던 일 :

▶ 해결 :

나를 지키는 열한 번째 말

내가 결정해

#하고 싶은 일 스스로 찾기

공부를 강요받는 솔지의 이야기

"안녕하세요?"

윤지, 미소, 은서, 나희가 나란히 서서 인사했다.

"할머니, 우리 반 친구들이에요. 얘부터 윤지, 미소, 은서 그리고 나희."

솔지가 할머니한테 한 명씩 소개했다.

"어, 그래……. 갑자기 와서 좀 놀랐구나. 다들 예쁘고 공부도 잘하게 생겼네. 그러니?"

솔지 할머니가 다정하면서도 떨떠름한 목소리로 물었다.

"저희는 보통이에요. 공부는 솔지가 잘하죠."

윤지가 쾌활하게 대답했다.

"할머니, 저희는 들어가서 놀게요."

"그래라. 이따 학원 시간 잊지 말고."

"아, 오늘 학원 빠져도 된다고 엄마한테 허락받았어요."

"그래? 나는 못 들었는데."

"엄마한테 전화해 보세요."

"알았다."

솔지는 친구들을 데리고 서둘러 방 안으로 들어갔다.

"와, 네 할머니 카리스마가 장난이 아니시다."

윤지가 몸을 부르르 떨었다.

"솔지야, 근데 우리 진짜 놀아도 돼?"

나희가 걱정스러운 눈빛으로 물었다.

"당연히 되지! 같이 먹으려고 간식도 잔뜩 사 놓았단 말이야."

솔지는 책상 아래서 커다란 바구니를 꺼냈다. 정말 과자와 사탕, 초콜릿이 가득 담겨 있었다.

"우아, 코코롱 과자도 있네. 이거 구하기 어려운데."

미소와 은서 얼굴에 동시에 함박웃음이 떠올랐다.

"오, 솔지! 엄청 준비 많이 했네."

윤지가 솔지의 어깨에 팔을 두르며 흐뭇하게 쳐다보았다.

"이렇게 가까이서 보니까 내 눈도 꽤 매력 있지 않아?"

"윤지 네 눈 원래 예뻐. 귀여워."

"둘이 뭐 하냐? 우리가 다 먹는다."

나희가 과자를 하나 집어 들고 기분 좋게 뜯었다.

그때 갑자기 할머니가 문을 덜컥 열고 들어왔다.

"솔지야, 엄마 전화 좀 받아 봐라."

솔지는 조금 긴장해서 전화기를 건네받았다.

"뭐? 학원에? 왜? 친구들 다 와 있단 말이야. ……알았어."
솔지가 침울한 표정으로 전화를 끊었다.
"얘들아, 미안해."
결국 친구들은 솔지 집에서 한 시간도 못 놀고 집으로 갔다.
친구들을 보내고 솔지가 할머니에게 따져 물었다.
"엄마한테 수학 시험 얘기했어요? 한 개밖에 안 틀렸잖아요."
"한 개? 뉴스 보니 대학 시험에서는 한 문제로 합격 불합격이 결정 난다는구나."
"할머니까지 왜 맨날 대학 얘기만 해요? 꼭 가야 해요?"
"당연히 가야지. 너희 엄마 아빠를 보렴. 공부 열심히 해서 대학 잘

나오니 좋은 데 취직해서 잘 살잖니?"

"저게 잘 사는 거예요? 주말에도 맨날 일만 하는데!"

"그래서? 공부 안 하겠다고? 공부 안 하면 뭐 먹고살려고?"

솔지는 더 이상 아무 말도 할 수 없었다. 공부도 하고 싶지 않았지만 그렇다고 특별한 꿈이 있는 것도 아니었다.

솔지는 학원 가방을 챙겨 쌩하니 집을 나왔다. 솔지는 학원으로 가는 길에 저도 모르게 눈물이 핑 돌았다. 꼭두각시 인형처럼 이 학원 저 학원 끌려다니는 자신이 슬프게 느껴졌다.

"그 놈의 공부가 뭐라고."

말을 바꾸면 마음이 바뀌어요

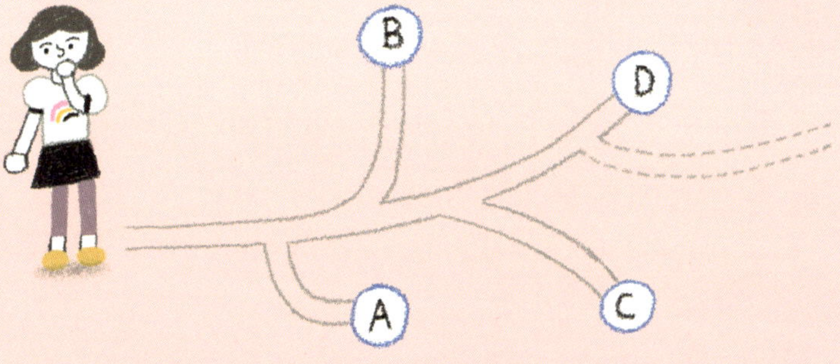

내가 결정해

하고 싶은 일을 스스로 찾는 솔지의 이야기

"우리 딸, 뭐 하니?"

엄마가 퇴근하자마자 솔지 방으로 들어왔다.

"이게 뭐야? 숙제하는 거 아니었어?"

"버킷 리스트예요."

"숙제는? 오늘 학원 선생님 말씀이 수학 숙제 많다는데?"

"내일 할게요. 지금은 이게 더 중요해요."

솔지는 다시 공책에다 무언가를 하나씩 써 내려갔다.

엄마는 솔지가 수학 숙제를 하지 않는 게 여전히 못마땅해 한마디 더 거들었다.

"너, 수학 시험에서 한 개 틀린 거……"

"네, 그럴 수도 있죠. 그 한 문제가 그렇게 중요해요?"

"얘 봐라. 그럼 뭐가 중요한데?"

엄마가 어디 한번 들어나 보자 하는 표정으로 팔짱을 끼었다.

"제가 원하는 걸 찾는 거요. 엄마랑 할머니가 전에 그랬잖아요. 하고 싶은 거 없으면 공부 열심히 해서 대학 가는 게 최고라고."

엄마는 솔지가 처음으로 똑 부러지게 말해서 놀란 마음에 눈을 동그랗게 떴다.

"공부를 안 하겠다는 게 아니에요. 제가 진짜 무엇을 하고 싶은지 생각해 보고, 스스로 결정하고 싶어요. 그래야 앞으로 책임도 제가 지고, 후회도 안 할 것 같아요."

솔지의 눈빛이 어느 때보다 초롱초롱 빛났다. 그러자 엄마도 오늘은 솔지가 하고 싶은 대로 해 주고 싶다는 생각이 들었다.

"그래, 결정하면 엄마한테도 알려 줄래? 우리 솔지가 뭘 하고 싶은지 궁금하네."

"네!"

솔지가 고개를 크게 끄덕였다.

나를 지키는 첫걸음

내가 만드는 꿈의 목록

'내 인생은 나의 것'이라는 말이 있어. 내 인생의 주인공은 나 자신이기 때문에 스스로 결정하고 책임지며 살아야 한다는 뜻이야.

하지만 사회와 어른들은 인생의 정답을 정해 놓고 거기에 맞추라고 하지. 특히 공부를 잘해야 성공할 수 있다면서 이런저런 공부를 강요할 때가 많아. 꿈도 없이 공부만 하다 보면 우리 마음은 점점 좁아지고 넓은 세상을 상상할 수 없어.

인생에서 공부도 중요하지만 더 중요한 건 나의 진짜 꿈을 찾는 거야. 한번 '버킷 리스트'를 적어 봐. 죽기 전에 꼭 해야 할 일이나 하고 싶은 일들을 적는 거야.

하고 싶은 것을 많이 생각해 보고 경험을 많이 하다 보면, 나의 진짜 꿈에 가까이 갈 수 있어.

1. 꼭 하고 싶은 일이나 해야 할 일을 적은 버킷 리스트 만들기
2. 버킷 리스트에 적은 내용을 어떻게 실천할지 계획 세우기
3. 할 수 있는 것부터 하나씩 실천하며 꿈을 찾아가기

'버킷 리스트'는 살아 있는 동안 꼭 하고 싶거나 해야 하는 일을 아주 구체적으로 적는 목록이야. 꼭 먹고 싶은 음식, 꼭 가고 싶은 장소, 꼭 도전하고 싶은 활동 등을 써 보자.

위 목록 중에 하나를 골라 어떻게 실천할지 계획이나 방법을 써 보자.

▶ 하고 싶은 일 :

▶ 계획 및 방법 :

나를 지키는 열두 번째 말

우리는 똑같이 소중해

#바르게 알고 판단하기

넌 우리와 달라

피부색이 다르다고 소외받는 지호의 이야기

"지호야, 나 오늘 태권도 못 갈 것 같아."
하은이가 말했다.
"왜?"
"할아버지 생신이라 식구들끼리 다 같이 저녁 먹는대."
"아, 너 없으면 나 겨루기는 누구랑 하지?"
지호의 목소리에 걱정이 가득 묻어났다.
"그럼 너도 오늘 그냥 빠지면 어때?"
"알잖아. 하루라도 빠지면 아빠한테 혼나는 거."
"맞다. 너희 아빠가 태권도 빠지는 건 절대 안 봐준다고 했지? 그럼 다른 애랑 해야지."
"그래야겠네."
지호는 여덟 살 때 처음 아빠 손에 이끌려 태권도 도장에 갔다.
"지호야, 너는 누구보다 더 한국인다워야 해. 한국을 더 잘 알고, 더 사랑해야 한다고. 알았지?"
지호는 이때 아빠 말이 무슨 뜻인지 이해하지 못했다. 한국에서 태어났는데, 왜 더 한국인다워야 하고 한국을 더 잘 알아야 하는지 말이다.

하지만 어느 순간 무슨 뜻인지 깨닫게 되었다.

지호는 케냐인 아버지와 한국인 어머니 사이에서 태어난 소위 '다문화 가정 아이'였다. 그래서 꼬불거리는 곱슬머리에 피부색도 달라서 남들 눈에 띄었다. 이런 외모 때문에 사람들이 자꾸 지호에게 이렇게 물었다.

"어느 나라에서 왔니?"

"한국말 할 수 있니?"

사람들은 지호의 피부색과 생김새만 보고 아예 처음부터 외국 사

람이라고 단정 짓고 이렇게 질문하는 거였다.

그러면 지호는 뜸을 들이다가 쭈뼛대며 이렇게 답했다.

"전 한국 사람이에요."

이런 일은 아무리 겪어도 익숙해지지 않았다. 지호는 언제나 황당하고 기분이 좋지 않았다.

그렇다고 일일이 따질 수도 없었다. 어차피 쉽게 해결될 문제가 아니라는 걸 지호는 잘 알고 있었다.

지호가 할 수 있는 최선은 새로운 환경에 놓이거나 새로운 사람을 만났을 때 빨리 적응하고 빨리 서로 익숙해지는 거였다.

"자, 이제 겨루기 할 거니까 둘씩 짝을 지어서 서라."

태권도 사범님의 지시에 따라 도장 안에 있던 아이들이 우르르 움직였다.

"나랑 한판 붙자."

덩치 큰 아이가 성큼성큼 다가오더니 지호 앞에 우뚝 섰다. 민재였다. 거만한 표정이 꼭 싸우자고 시비를 거는 것 같았다. 지호는 별로 내키지 않았지만 그렇다고 물러서고 싶지도 않았다.

"준비, 대결!"

사범님의 구령에 지호는 민재와 겨루기를 시작했다. 처음에는 지호가 덩치에서 밀리는 듯했으나 곧 실력을 뽐냈다.

지호가 이기자 민재가 씩씩대며 지호를 노려보았다. 누가 보아도 자기가 진 것이 억울하고 화가 난 것 같았다.

아니나 다를까 민재는 태권도 도장에서 집으로 돌아가는 길에 지호를 따라와 시비를 걸었다.

"너희 나라로 꺼져!"

"무슨 소리야? 난 한국인인데!"

"몰라서 물어? 넌 우리랑 다르게 생겼잖아!"

지호는 순간 주먹을 불끈 쥐었다. 하지만 결국은 늘 그랬던 것처럼 꾹 참고 말았다. 싸워 봤자 달라지는 건 없을 테니까 말이다. 다만 어떻게 말해야 할지 답답하기만 했다.

말을 바꾸면 마음이 바뀌어요

우리는 똑같이 소중해

바르게 알고 판단하는 지호의 이야기

"어제 나 없어서 누구랑 겨루기 했어?"

다음 날, 태권도 도장에서 만난 하은이가 지호에게 물었다.

"민재랑 겨뤘는데 내가 이겼어."

"욕심 많은 김민재? 지호야, 너 별일 없었어?"

지호는 어제 있었던 일을 말할까 말까 잠시 망설이다가 하은이도 지호와 같은 마음이길 기대하며 말해 보기로 했다. 사실 그런 일을 당했을 때 가족 말고 다른 사람에게 한 번도 말한 적이 없었다.

"정말? 진짜 화나네. 어이가 없다, 어이가 없어."

하은이는 지호의 말을 다 듣고는 얼굴을 붉히며 화를 냈다.

지호는 이런 하은이가 고마웠다. 자기가 직접 차별당하고 무시당한 게 아닌데도 부당함을 느끼고 지호 편이 되어 진심으로 화를 내니까 말이다. 이런 친구들이 많으면 지호 같은 사람들이 행복하게 살 수 있을 것 같았다.

그때 태권도 사범님이 아이들한테 한 아이를 소개했다.

"내 아들이다. 오늘부터 우리랑 같이 태권도 수련할 거야."

"아, 안녕? 나, 나는 이, 동, 윤이라고 해."

사범님 아들이 한 자 한 자 힘들게 발음하며 인사했다. 아이들 모두 동윤이가 장애가 있다는 사실을 한눈에 알아봤다.

"사범님! 걱정 마세요. 제가 하나하나 잘 챙겨 줄게요."

민재가 갑자기 번쩍 손을 들고 말했다. 지호와 하은이가 조금 어이없다는 표정으로 민재를 보았다.

사범님은 고개를 저으며 말했다.

"민재야, 그리고 너희들 모두 우리 동윤이한테 너무 친절하게 대하지는 마라. 지나친 관심은 오히려 더 부담스러울 수 있어. 너희들도 그렇지 않니? 각자 자기 자신을 대하듯 우리 동윤이를 대해 주렴."

민재가 얼굴이 빨개지며 손을 내렸다.

지호는 그런 민재를 보면서 이번 기회에 민재도 모두 똑같이 대하는 마음이 생기길 바랐다.

모두 소중한 세상을 위해

    70억 인구 중에 겉모습이 완전히 똑같은 사람은 없어. 일란성 쌍둥이라고 하더라도 지문은 달라. 또 저마다 생각과 느낌도 다르지. 이렇게 다른 면을 서로 인정하고 배려해야 해.

    그리고 무엇보다 중요한 것은 부자든 가난한 사람이든, 백인이든 흑인이든, 동양인이든 서양인이든, 여자든 남자든, 장애가 있든 없든 인간은 똑같이 소중하다는 거야. 이 점을 바르게 알고 실천하는 것이 정의야. 내가 소중한 만큼 남도 소중하다는 생각으로, 내가 받고 싶지 않은 건 상대방에게도 강요하지 않고, 내가 받고 싶은 건 상대방에게도 주는 거지.

    우리 생활 속에서 정의감을 키우고 실천해 보자.

1. 우리 주변에서 남을 배려하지 않거나 차별하는 사례 찾기
2. 위의 상황에서 어떤 감정을 느꼈는지 솔직하게 말하기
3. 위의 상황을 또 겪게 되면 어떻게 행동할지 생각해 보기

다음 상황에서 어떻게 행동할지 생각해 보자.

급식을 먹으려고 줄 서 있는데, 고학년이 저학년 자리를 빼앗는 장면을 보았을 때	
혼혈인 아이가 겉모습으로 놀림을 받는 장면을 보았을 때	
장애가 있는 친구가 하나부터 열까지 일일이 다 도움을 받는 장면을 보았을 때	

 다음 말들 중에서 없어져야 하거나 바뀌어야 한다고 생각하는 말을 고르고, 왜 그런지 이유와 함께 말해 보자.

▶ 인종, 장애우, 다문화 가정, 여군, 세계사, 소외 계층

그림 안상정

대학에서 금속 디자인을 전공한 후 문구 브랜드, 제품 패키지, 학습지, 사보 등 다양한 분야에서 일러스트레이터로 활동해 왔습니다. 현재는 두 딸의 엄마로 일과 육아의 균형점을 찾아가고 있으며 아이들의 시선으로 세상을 바라보는 방법을 배워 나가는 동시에 아이와 함께 성장하는 경험을 통해 일러스트 작업의 주제와 표현의 지평을 넓혀 가고 있습니다.

나를 지키는 열두 가지 말
단단한 자존감을 만드는 당당한 말 한마디의 힘

초판 1쇄 2021년 2월 10일 | 초판 5쇄 2025년 4월 15일

글쓴이 강승임 | 그린이 안상정
펴낸이 김찬영 | 펴낸곳 책속물고기
출판등록 제2021-000002호 | 주소 서울특별시 영등포구 양평로 157, 1112호
전화 02-322-9239(영업) | 02-322-9240(편집) | 팩스 02-322-9243
책속물고기 카페 http://cafe.naver.com/bookinfish | 전자메일 bookinfish@naver.com
ISBN 979-11-6327-096-6 73190

이 도서의 국립중앙도서관 출판예정도서목록(CIP)은 서지정보유통지원시스템 홈페이지(http://seoji.nl.go.kr)와 국가자료공동목록시스템(http://www.nl.go.kr/kolisnet)에서 이용하실 수 있습니다.

* 이 책의 내용을 쓰고자 할 때는 저작권자와 출판사 양측의 허락을 받아야 합니다.
* 잘못된 책은 바꾸어 드립니다.
* 값은 뒤표지에 있습니다.

품명 아동 도서 사용연령 10세 이상
주의사항 종이에 베이거나 긁히지 않도록 조심하세요.
책 모서리가 날카로우니 던지거나 떨어뜨리지 마세요.
KC마크는 이 제품이 공통안전기준에 적합하였음을 의미합니다.